第1辑·第1卷
（总第1卷）

高校学生工作研究

主办方：高校思想政治工作队伍培训研修中心（华中科技大学）

◎ 主编：李 毅

华中科技大学出版社
http://press.hust.edu.cn
中国·武汉

图书在版编目(CIP)数据

高校学生工作研究. 第1辑. 第1卷：总第1卷 / 李毅主编. -- 武汉：华中科技大学出版社，2024.7. -- ISBN 978-7-5772-0951-7

Ⅰ. G645.5-53

中国国家版本馆CIP数据核字第2024EB0933号

高校学生工作研究(第1辑·第1卷,总第1卷)　　　　　　　　　　　　　李毅　主编
Gaoxiao Xuesheng Gongzuo Yanjiu (Di 1 Ji · Di 1 Juan, Zong Di 1 Juan)

策划编辑：杨　静

责任编辑：孙　念

封面设计：刘　卉

责任校对：李　弋

责任监印：朱　玢

出版发行：华中科技大学出版社(中国·武汉)　　电话：(027)81321913
　　　　　武汉市东湖新技术开发区华工科技园　　邮编：430223

录　　排：华中科技大学出版社美编室

印　　刷：湖北新华印务有限公司

开　　本：787mm×1092mm　1/16

印　　张：15.25

字　　数：248千字

版　　次：2024年7月第1版第1次印刷

定　　价：88.00元

本书若有印装质量问题，请向出版社营销中心调换

全国免费服务热线：400-6679-118　竭诚为您服务

版权所有　侵权必究

《高校学生工作研究》（第1辑·第1卷 总第1卷）

编委会

主　编　李　毅

编　委　（按照姓氏笔画为序）

孔　姝　冯　霞　加吾哈　齐海波　孙　伟　李　嵩
吴疆鄂　闵　迪　罗　珺　赵广燕　段　政　黄贝娜
章劲元　敬鹏飞　靖咏安

《高校学生工作研究》(第1辑·第1卷 总第1卷)

编委会

特约专家 （按照姓氏笔画为序）

于小雷　北京师范大学
王前哨　中南财经政法大学
邬海峰　中国地质大学(武汉)
李　刁　华中师范大学
李　勤　武汉大学
李汝宾　山东大学
杨　涛　中南民族大学
邹德勋　北京化工大学
张莎莎　武汉纺织大学
张逸阳　上海交通大学
陈　腾　湖北大学
陈秀妍　海南大学
欧旭理　中南大学
金　昕　东北师范大学
赵　欣　天津大学
彭小川　华中农业大学
谢中清　武汉理工大学

目 录

党建引领

3 田　辉　叶定剑　新时代高质量的高校学生党建工作体系构建路径

11 鲜国彦　王思聪　杨冀宁　"一融双高"视域下高校科研育人与党建创新的协同发展——以研究生党支部建设为例

22 应梦娴　工科专业学生党员使命感研究——以哈尔滨工业大学(深圳)为例

思想教育

35 初金哲　庄卫东　新时代高校爱国主义教育评价体系构建研究

52 房正宏　张坤龙　加强研究生思想政治工作的现实路径

63 吴建章　角色扮演、现实困境与提升路径：高校辅导员国防教育工作研究

74 张　丽　咸甫娟　以"三共"为抓手铸牢新疆高校大学生中华民族共同体意识

83 王　媛　网络流行语在大学生思政教育中的运用研究——基于扎根理论的分析

事务管理

99　周　钰　孔　姝　占　艺　依托高校"一站式"学生社区开展学科特色生涯教育的路径研究

109　钱　星　宋　俊　陈佳纯　谭　芸　感恩教育视角下高校资助育人长效机制的探索

文化育人

123　朱建平　刘宇岚　中华优秀传统文化引领大学生自我发展：价值意蕴、内在逻辑与路径选择

135　李芳芳　张　杰　新时代廉政文化融入大学生思想政治教育研究

队伍建设

145　谭　静　桂云凤　"三全育人"视角下高校辅导员的职业角色定位与实现路径

152　戴则健　郭　宁　从传统到现代：辅导员话语体系面临的挑战与优化

观察思考

163　张　越　高校学生工作数字化转型的障碍分析及应对策略

182　黄秋梅　王　文　新时代边疆高校实践育人的发展历程与经验启示

192　李　庆　大思政格局下高校学生会（研究生会）深化改革的路径探索——以广州市部分高校学生会改革探索为例

工作案例

209 孙 蓓 谭军毅 陈孝睿 基于"五育四信"理念的公安院校育人工作——机遇、路径创新和策略行动研究

220 王文婧 程 浩 熊 勤 生命科学领域科研院所研究生生活状况调查研究——以中国科学院京区研究所为例

党建引领

新时代高质量的高校学生党建工作体系构建路径

田 辉 叶定剑

摘 要：高质量的高校学生党建工作体系是构建高质量的高校党建工作体系的内在要求，是培养担当民族复兴大任的时代新人的重要保障，是应对新时代背景下高校学生思政工作新挑战的必然选择。构建高质量的高校学生党建工作体系需要把党的全面领导贯穿始终、把思想政治工作贯穿始终、把建章立制工作贯穿始终。本文从文献梳理、实践调研、交叉分析层面，对构建高质量学生党建工作体系面临的困境及挑战进行了分析。从完善工作领导体系、充实工作力量配备、锻造坚强有力基层组织、构建工作评价体系等方面提出新时代高质量的高校学生党建工作体系的具体构建路径。

关键词：高质量；党建工作体系；价值意蕴；基本遵循；实践路径

习近平强调，"不断提高党的建设质量，把党建设成为始终走在时代前列、人民衷心拥护、勇于自我革命、经得起各种风浪考验、朝气蓬勃的马克思主义执政党。"[①]将质量概念引入党的建设之中，推动了党的建设的理论创新和实

基金项目：2022年度上海市教育科学研究项目落实习近平总书记关于"'大思政课'我们要善用之"重要论述的路径和举措研究（项目编号：C2022003）；教育部高校思想政治工作创新发展中心（上海交通大学）2021年度理论课题"新时代高校网络意识形态安全长效机制构建研究"（项目编号：DFY-LL-2021028）。

作者简介：田辉，女，硕士，助理研究员，上海交通大学药学院党委组织员；叶定剑，男，博士，副教授，上海交通大学药学院党委副书记。

① 决胜全面建成小康社会 夺取新时代中国特色社会主义伟大胜利——在中国共产党第十九次全国代表大会上的报告[N].新华社，2017-10-27.

践创新。中共中央召开会议审议《中国共产党普通高等学校基层组织工作条例》，会议要求，构建高质量的高校党建工作体系，引领推动高校高质量发展，切实把培养德智体美劳全面发展的社会主义建设者和接班人的使命任务落实好。① 党的二十大报告中提出，"坚持以人民为中心发展教育，加快建设高质量教育体系，发展素质教育，促进教育公平。"② 从"两个百年"的奋斗目标看，建设教育强国对以高质量党建引领推动高校高质量发展提出了更高要求。加快建设高质量教育体系，必须要有高质量的党建工作体系作为引领和支撑。高校的根本任务是立德树人，为党育人、为国育才是高校的初心使命，构建高质量的高校学生党建工作体系能够为高校落实立德树人根本任务提供坚强的思想、政治和组织保证。

一、价值意蕴：新时代构建高质量的高校学生党建工作体系的意义和原则

（一）新时代构建高质量的高校学生党建工作体系的重要意义

学生党建质量直接关系到高校人才培养的工作成效。全面准确把握新形势新任务新要求，培育担当大任的时代新人，必须以高质量的学生党建工作体系来引领。

1. 构建高质量的高校党建工作体系的内在要求

学生党建是高校党建的重要组成部分，高质量的学生党建工作体系是高质量的高校党建工作体系的有机组成部分，是贯彻新时代党的建设总要求的题中之义。青年大学生是祖国的未来和民族的希望，高校学生党建作为加强学生思想政治工作的重要保障，承担着凝聚、引领青年贡献青春力量的重要历

---

① 中共中央政治局召开会议 讨论"十四五"规划和二〇三五年远景目标纲要草案和政府工作报告 审议《中国共产党普通高等学校基层组织工作条例》中共中央总书记习近平主持[N].新华社,2021-02-26.

② 高举中国特色社会主义伟大旗帜 为全面建设社会主义现代化国家而团结奋斗——在中国共产党第二十次全国代表大会上的报告[N].新华社,2022-10-25.

史使命,为培养高质量的大学生提供坚强的思想、政治和组织保证,对高校基层党组织吸收新鲜血液、注入新生力量发挥着重要作用。学生党建工作的质量与效果直接影响高校党建工作的层次和水平。

2. 培养担当民族复兴大任的时代新人的重要保障

习近平强调,"历史和现实都告诉我们,青年一代有理想、有担当,国家就有前途,民族就有希望,实现我们的发展目标就有源源不断的强大力量。"①中华民族伟大复兴的中国梦终将在一代代青年的接力奋斗中变为现实。大学是青年价值观形成的关键时期,当前在校大学生大多是"00后",他们是"生在新中国,长在红旗下"的一代,对世界的发展、中国的改革和党的建设的认识更加多元,以高质量的学生党建工作教育引导广大青年学生牢固树立马克思主义信仰,可以坚定大学生对中国特色社会主义的信念,增强他们的思想自觉和行动自觉。

3. 应对新时代背景下高校学生思政工作新挑战的必然选择

党的二十大报告中指出,"当前,世界之变、时代之变、历史之变正以前所未有的方式展开。"习近平总书记在全国高校思想政治工作会议上评价新时代大学生"朝气蓬勃、好学上进、视野宽广、开放自信,是可爱、可信、可为的一代"。世界多极化、经济全球化处于深刻变化之中,高校是各类思潮聚集地,也是意识形态工作的前沿阵地,面对新形势新任务新要求,高校在开展思政工作的过程中要深刻认识斗争的复杂性,准确把握高校学生的新特点,以高质量的学生党建工作引领思想政治工作新机制。

(二)新时代构建高质量的高校学生党建工作体系的基本遵循

高质量的学生党建工作体系构建是一项系统工程,必须紧紧围绕党的建设总要求,围绕学校立德树人根本任务,把党的全面领导贯穿始终、把思想政治工作贯穿始终、把建章立制工作贯穿始终。

---

① 习近平在同各界优秀青年代表座谈时的讲话[N].人民日报,2013-05-05.

1. 强化政治领导,把党的全面领导贯穿始终

习近平强调:"办好我国高等教育,必须坚持党的领导,牢牢掌握党对高校工作的领导权,使高校成为坚持党的领导的坚强阵地。"①构建高质量的高校学生党建工作体系,必须按照新时代党的建设总要求,强化政治领导,把党的政治建设摆在首位,在政治立场、政治方向、政治原则和政治道路上都始终与党中央保持高度一致,确保高等教育事业始终沿着正确方向健康发展。

2. 突出思想引领,把思想政治工作贯穿始终

高校思想政治工作是党领导高校工作的具体体现,也是开展高校党的建设的重要抓手。习近平强调,"人才培养体系涉及学科体系、教学体系、教材体系、管理体系等,而贯通其中的是思想政治工作体系。"②把中国特色道路和制度优势有效转化为培养社会主义建设者和接班人的能力,关键在于要加强党的领导和党的建设,贯穿融入思想政治工作。构建高质量的学生党建工作体系,必须始终牢记立德树人根本任务,坚持不懈用新时代中国特色社会主义思想凝心铸魂,把思想政治工作贯穿全过程。

3. 夯实制度保障,把建章立制工作贯穿始终

制度建设在高校基层党建工作质量中占有基础性、根本性的地位,是高校党建工作高质量发展的基础保障。党的十九大报告明确提出"全面推进党的政治建设、思想建设、组织建设、作风建设、纪律建设,把制度建设贯穿其中"③,对制度建设做出强调。高校学生党建是一项系统性工程,健全的规章制度是构建高质量学生党建工作体系的基础。改革开放以来,制度建设逐渐成为高校党建总布局的重要组成部分,成为提高高校党建质量的抓手。新时代背景

---

① 吴晶,胡浩.习近平在全国高校思想政治工作会议上强调 把思想政治工作贯穿教育教学全过程 开创我国高等教育事业发展新局面[J].中国高等教育,2016(24):5-7.
② 习近平在北京大学师生座谈会上的讲话[N].人民日报,2018-05-03.
③ 习近平在全国组织工作会议上强调 切实贯彻落实新时代党的组织路线 全党努力把党建设得更加坚强有力[J].党建研究,2018(8):2.

下,高校学生党建工作必须深省历史经验、紧跟时代步伐、加强制度建设,才能充分发挥高校基层党组织的战斗堡垒作用和政治保障作用。

二、现实困境:构建高质量学生党建工作体系存在的问题和挑战

党的十八大以来,高校始终坚守为党育人、为国育才初心使命,持续推动基层党组织标准化规范化建设,扎实推进党建示范创建和质量创优工作,党建工作质量不断提升,党建引领作用有效发挥。但对标新部署新要求,高校学生党建工作还不同程度地存在一些薄弱环节和共性问题,构建高质量的学生党建工作体系面临着一系列困难和挑战。

1. 从文献梳理层面看高质量的高校学生党建工作体系相关研究现状

党的十九大明确提出"提高党的建设质量"这一科学命题,学术界对高校党建、党建质量的研究日渐深入。梳理近年来在中国知网公开发表的一百多篇研究成果,已有研究主要集中在高校党建发展历史的相关理论和实践、党建思想理论、基层组织建设研究、学生党建工作、高校党务工作队伍建设、党员发展教育管理等方面,从整体上对高校基层党建进行研究的文献不多,特别是对"高校高质量的党建""高校学生党建工作体系"的专题研究较少,将质量概念引入学生党建工作的研究相对匮乏,何为"高质量的党建工作体系",仍有待进一步阐释。

2. 从实践调研层面看高校学生党建工作体系高质量发展的困境

本课题结合高校学生党建工作实际和有关参考文献开展调研,共发放问卷600份,回收有效问卷578份,对问卷数据进行Cronbach信度分析,信度系数值为0.743。根据问卷分析和访谈情况,得出高校学生党建工作体系质量提升的困境主要表现在四个方面。一是高校学生党建工作领导和运行机制不够完善,缺乏有力指导和制度保障。二是高校党建高质量发展的要求与当下党务工作队伍力量配备不充足、专业化程度不高的现状存在矛盾。三是基层组织建设仍需进一步加强,存在党员发展数量与质量失衡、培养教育与管理考核不足等问题。四是工作评价体系尚不完善,"指挥棒"作用未充分发挥。

3.从交叉分析层面看影响学生党建工作质量提升的关键因素

结合文献梳理和实践调研,本文使用相关分析法研究了"完善的工作领导体系""有力的党务工作队伍""完善的教育管理制度""科学的工作评价体系""有效的激励保障措施"分别和学生党建工作质量中"党员发展质量""党员教育质量""党员管理质量""组织建设质量"四个项目之间的相关关系,使用 Pearson 相关系数表示相关关系的强弱情况(见表1)。

表1 Pearson 相关-标准格式

项目	完善的 工作领导体系	有力的 党务工作队伍	完善的 教育管理制度	科学的 工作评价体系	有效的 激励保障措施
党员发展质量	0.608**	0.489**	0.486**	0.556**	0.595**
党员教育质量	0.538**	0.554**	0.564**	0.576**	0.517**
党员管理质量	0.550**	0.682**	0.645**	0.679**	0.651**
组织建设质量	0.538**	0.657**	0.492**	0.637**	0.586**

注:** $p<0.01$。

从以上数据分析可知,完善的工作领导体系与学生党建工作质量四个项目之间全部呈现出显著性,相关系数值分别是 0.608,0.538,0.550,0.538,意味着完善的工作领导体系与学生党建工作质量之间有着正相关关系;同时,有力的党务工作队伍、完善的教育管理制度、科学的工作评价体系、有效的激励保障措施与四个项目之间均呈现显著正相关关系。由此可见,工作领导体系、党务工作队伍、教育管理制度、工作评价体系和激励保障措施均为影响学生党建工作质量提升的关键因素,需要系统谋划,全面推进。

三、实践路径:新时代构建高质量的高校学生党建工作体系路径

新时代赋予高校党建工作诸多新使命、新任务,党建工作的质量直接关系

到党组织的战斗力、凝聚力和向心力。① 高质量的学生党建工作体系应坚持党的领导、党的建设与党的教育事业相统一,应包含完善的工作领导体系、健全的工作运行机制、有力的工作队伍支撑,需要重点加强组织建设、完善工作评价体系等。因此,构建高质量的高校学生党建工作体系,要从问题出发,围绕领导体系、力量配备、组织建设、评价机制等方面系统谋划。

1. 完善工作领导体系,健全工作运行机制

历史经验表明,提高高校党建工作质量,要坚持和完善党委领导下的校长负责制,充分发挥党委的领导核心地位,党政分工合作、协调运行。高校组织部门要将学生党建工作纳入整体发展规划和年度工作计划,完善推进落实机制,加强工作指导,把基层组织制度在院系的落实执行到位。学生工作部门要制定并完善适合新发展阶段的学生党建工作制度,把建章立制工作贯穿"三会一课"、组织生活会、谈心谈话、民主评议党员和学生党组织工作考评全过程。相关部门明晰责任、密切配合,形成齐抓共管的"大党建"工作格局,把党建和思想政治工作优势转化为学校发展优势。

2. 充实工作力量配备,提升党建工作质量

高校党务工作队伍是高校党建工作的主要承担者和骨干力量,打造一支高素质、专业化的党务工作队伍,是构建高质量的高校学生党建工作体系的重要保证。要严格落实中央关于高校思想政治工作和党务工作队伍配备的各项指标要求,加强学生党建工作队伍的选配工作。明确组织员、辅导员、支部书记等各类党务人员的工作职责。持续锤炼党务工作队伍过硬的理论素养、专业能力、品行作风。完善党建工作队伍的培训、管理、考核和职业发展体系。通过全方位、多层次的措施不断推进学生党建工作队伍专业化建设,为高质量的党员发展教育管理工作充实力量。

---

① 冯身洪.新时代提高高校党建质量的多维路径[J].思想理论教育,2019(1):84-87.

3. 锻造坚强有力基层组织,发挥战斗堡垒作用

党组织是党强大力量的来源和根基。全面、科学实现党的领导工作,离不开坚强有力的基层党组织以及坚实完善的组织体系。要以习近平新时代中国特色社会主义思想凝心铸魂,提升学生党组织的"四力",即在政治上的领导力、在思想上的引领力、在群众中的组织力,以及在社会上的号召力。同时,因地制宜,积极适应高校的办学形式、发展定位和学科设置等情况,依托研究科研项目平台、学生公寓、学生社团群体等成立党支部,充分发挥不同层面、各个领域在党建工作方面的创造力。推动学生党支部严格遵循并落实党的组织生活制度,紧贴时代形势以丰富组织生活的内容,创新组织生活形式,破解形式主义,让党的理论、革命传统以鲜活的形象深入人心。党员作为学生党组织的一分子,要以身作则,发挥先锋模范的作用,激活党组织的活力。

4. 构建工作评价体系,发挥价值导向作用

构建高质量的高校学生党建工作体系,需要把立德树人成效作为检验高校党建工作的根本标准,建立符合新时代、新思想、新理念、新要求的工作评价体系。坚持以立德树人为出发点和落脚点,着力构建涵盖组织领导、教育培养、发展管理、作用发挥和条件保障等多个核心指标的过程评价和结果评价体系,不断推进高校学生党建工作组织化、制度化、具体化。把学生党建工作纳入高校"双一流"建设成效评估、学科专业质量评价、人才培养质量评价的指标范畴,作为政治巡视、领导班子考核、领导干部述职评议的重要内容,使之与建立现代化教育强国战略目标相适应、与坚持党在高校的领导地位相适应。加强学生党建工作研究,定期开展党建工作质量评估,总结推广示范经验和优秀案例,及时调整工作思路和举措,使学生党建工作始终保持正确前进方向。

"一融双高"视域下高校科研育人与党建创新的协同发展
——以研究生党支部建设为例

鲜国彦　王思聪　杨冀宁

摘　要：研究生党员是高等院校学生党员主体，是高校人才培养质量和科研水平的重要体现。高校研究生党支部是党在高校的学生基层组织，是党组织对研究生党员进行教育、监督、管理的基本单位。现有的以年级为单位横向划分的研究生党支部普遍存在支部组织号召力不足、支部活动积极性不强、支部先锋模范性不够等突出问题，制约了高校党建创新发展、思政教育时效、科研育人水平的提升。高校需在现有基础上，结合学校专业特色及工作实际，充分开发利用研究生导学关系这一重要载体，加强导学思政，创新支部建设模式，探索横向纵向交叉的网格化研究生党支部建设管理模式，开创高校研究生党建创新与科研育人的新局面。

关键词：党建创新；研究生党支部；科研育人；网格化管理

高校的建设及发展要坚持党的领导，高质量党建是高校人才培养及学科高质量发展的"火车头"。2017年，中共中央、国务院印发了《关于加强和改进新形势下高校思想政治工作的意见》，指出坚持"三全育人"是加强和改进高校思想政治工作的基本原则之一，要强化思想理论教育和价值引领。2021年4月，中共中央修订印发的《中国共产党普通高等学校基层组织工作条例》中指

作者简介：鲜国彦，男，中国石油大学（北京）地球科学学院辅导员，研究方向：思想政治教育；王思聪，男，中国石油大学（北京）地球科学学院辅导员，研究方向：思想政治教育；杨冀宁，男，中国石油大学（北京）地球科学学院辅导员，研究方向：思想政治教育。

出,高校党组织"需全面贯彻党的基本理论、基本路线、基本方略,全面贯彻党的教育方针,坚持教育为人民服务、为中国共产党治国理政服务、为巩固和发展中国特色社会主义制度服务、为改革开放和社会主义现代化建设服务,坚守为党育人、为国育才,培养德智体美劳全面发展的社会主义建设者和接班人"①。高校作为人才培养和科技创新的主阵地,深入推进高校"一融双高"建设,以高质量党建推动高质量科研成为高校党建创新与科研育人的时代课题,也为高校的人才培养和思想政治工作指明了方向。

高校研究生党支部是党在高校中的基层党组织,承担着对研究生党员进行教育、管理、监督并搭建党组织与研究生沟通桥梁的重要任务,对研究生思想政治教育工作的开展具有重要意义和突出贡献。2017年中共中央、国务院印发的《关于加强和改进新形势下高校思想政治工作的意见》中更是明确提出要加强"学生党支部特别是研究生党支部建设"②。由此可见,创新和改进研究生党支部建设,加强研究生思想政治教育与科研学习的融合,既是高校党组织建设的政治任务,也是推进高校发展和提升研究生培养质量的内在要求。

一、科研育人与党建创新协同发展的重要意义

(一)国家改革发展的时代内涵

科技是社会发展的动力,人才是时代进步的核心。在以和平与发展为主题的时代背景下,新一轮科技革命正在兴起,国家之间的竞争实际是国家综合实力的竞争,其核心为科技和高水平人才的竞争,谁能培养和吸引更多的学术前沿人才,掌握核心科技,谁就能在世界发展中把握主动权。新时代,我国面临着国际环境的严峻挑战,现代化强国的建设更是使命在肩,对高质

---

① 中国共产党普通高等学校基层组织工作条例[J].党建研究,2021(5):4-10.
② 宋晓东.新形势下加强高校研究生党支部建设的对策研究[J].学位与研究生教育,2017(11):39-42.

量人才的需求也更加迫切。高校应充分发挥在人才培养和科研创新中的主体优势,积极吸收青年人才、提高学生的科研能力、培养学生的创新意识、引导学生树立科研报国思想,推动高校学生科研创新能力和国家科技实力的同频共振、同步增长。

(二)高校人才培养的历史使命

中华民族近代以来最伟大的梦想就是实现中华民族的伟大复兴,"中国梦"的实现需要一批批有知识、有能力、有创新、有理想的高层次人才的支撑。高校科研育人的内涵是传授学生科学知识、提高学生的科研能力、激发学生的创新意识。高校作为集知识传授、技术创新和人才培养于一体的教育基地,积极推进科研育人是实现科技强国战略,进而实现中华民族伟大复兴的必然要求。在新的历史进程中我国需要适应新时代的人才。2014年,习近平总书记在第二十三次全国高等学校党的建设工作会议中强调:"高校肩负着学习研究宣传马克思主义、培养中国特色社会主义事业建设者和接班人的重大任务。加强党对高校的领导,加强和改进高校党的建设,是办好中国特色社会主义大学的根本保证。"有能力是高校人才培养质量的"躯体",有理想是高校人才培养质量的"灵魂",新时代,要办好中国特色社会主义大学,高校就必须扎根中国大地办教育,以党建引领为核心,以科研育人为驱动,为国家为社会培养可堪大用的新时代青年科技人才。

(三)人才培优创新的现实意蕴

随着时代的进步,各种新知识、新技术不断出现,一轮又一轮的科技革命证明,专业基础扎实、根植责任使命、实践攻坚克难、思维勇于突破的高水平复合型人才才能走在科研前沿,形成创新性科研成果,为国家的改革发展守正创新。高等院校是国家创新人才培养的摇篮,研究生是高校中科研学术和人才培养的主力军,是国家"人才强国战略"的重要组成部分,科研育人与思想政治教育的协同发展是高校人才培优创新的必由之路。

二、新形势下高校研究生党支部存在的突出问题

(一)党支部阵地模式化,支部组织号召力不足

现有的高校研究生党支部基本都是以年级、班级为单位划分,党支部横向、纵向不贯通,支部设置较为独立。研究生学习、科研以其导师为主,各导师研究方向的不同,直接导致同一党支部内成员的培养计划及上课、科研时间安排差别较大,支部内交流学习和集体活动时间难以统一。党支部书记是党支部的领头人,其个人品质、才能、工作方法对党支部成员的凝聚力起着重要作用。在研究生培养最主要的科研培养过程中,各支部党员各自为战。在支部委员选举和工作过程中,支部成员之间了解不深入,导致支部书记和支部委员在支部工作中的号召力不足。同时,随着专业型研究生在高校的扩招及校企科研项目的开展,研究生在进入二年级和三年级时,面临着科研、出站、发文章、毕业等压力,造成研究生参与党支部活动和建设的意识更加薄弱,党支部对研究生的思想政治教育工作难以持续开展和发挥到实处,支部思想政治教育阵地不牢。长此以往,研究生党员在支部活动和科研学习中存在"两边跑"的现象,党建引领和科研培养割裂,重科研轻党建情况明显,党支部的思想教育在研究生的科研学习上的引领作用难以发挥到实处。

(二)党支部活动单一化,支部活动积极性不强

党支部组织生活和党建活动的规范性、吸引力和常态化是支部保持战斗力和凝聚力的重要保证,是支部成员积极参与支部活动的内生动力。现有的研究生党支部活动形式和活动内容单一,大部分只注重流程和形式,与研究生最主要的科研学习联系不足,支部成员参与支部活动的积极性不强,党支部内党员个人意识凌驾于集体意识之上,思想政治意识淡漠,理想信念模糊。研究生党支部内从党支部书记至普通党员来自不同研究方向,学习科研过程中缺少交流和示范,支委权威性和引领力不足,支部内研究生党员更加注重自身科研学术成果和就业发展,缺乏政治担当,在党支部内工作动力不足,缺少对党

支部建设和发展的思考及真心投入①；研究生党支部在进行组织生活和党建活动时存着完成辅导员、学院、上级党组织安排的任务的心态，在组织生活和党建活动中流于形式，没有创新和发展，研究生党员在参与支部活动时也存着以完成任务为目的的心态，缺乏引领核心，缺少和科研结合的意识，支部活动对党员的吸引力逐渐下降，支部成员积极性严重不足，极大削弱了研究生党支部的教育监督作用，制约了党支部的发展和研究生党员的成长。

（三）党支部传承短期化，支部先锋模范性不够

研究生党员人数占高校学生党员一半以上，其社会经验、思维模式和眼界视野相对而言有一定优势，研究生党员和研究生党支部应当在高校党支部建设和科研创新中起到模范作用。而现今研究生党支部在模范性和创新性发挥方面都难以达到预期效果，研究生党支部在高校学生群体中缺少突出党建创新成果，科研中缺少积累性大成果，党支部模范性发挥不足，其存在的核心问题在于研究生党支部建设时间短、积累不足。现有的横向研究生党支部以年级划分，导致研究生党支部存续时间基本只有三年，第一年党支部成立，支部内党员均为新生，面临着课业压力和集体观念尚未形成的情况，支部建设和科研创新只停留于基础工作；第二年，党支部内成员之间有一定了解和交流后，开始筹划开展党建创新性活动；但到第三年时，党支部内所有成员均面临着毕业和找工作的压力，导致党支部内党建活动组织性和参与性均降低，活动刚起步支部就面临着解散，党建创新活动基本停滞，科研成果积累不足，难以形成突出党建品牌。缺少长期的基础和成果积累，研究生党支部很难形成能够长期开展的有持续性影响的党建活动品牌和具有现实经济效益和创新成果的科研成果，研究生党员在学生中的模范作用得不到充分运用和调动，学生思想政治教育素材和平台底蕴不足、说服力不够，思政教育成效不足。

---

① 宋晓东.新形势下加强高校研究生党支部建设的对策研究[J].学位与研究生教育，2017(11)：39-42.

三、高校科研育人与党建引领协同发展的核心内涵

(一)加强导学思政,提升研究生管理培养质量

高校研究生与本科生教学模式存在差异,研究生思想政治教育应着重立足于导师与研究生之间的导学关系,科研学术与思想政治教育的深度融合能够充分发挥导师立德树人作用和党支部战斗堡垒作用。① 作为研究生在校期间第一责任人,导师不仅需要在科研学习中对学生进行指导,更应在学生的思想教育上负首要责任。导师是研究生在校期间交流学习最多的对象,对学生的科研学术思维、学术行为道德、就业选择和未来的工作生活会产生持续影响。在党建+科研的协同运行机制下,研究生导师可在学习、生活、科研各方面参与研究生的思想教育和科研培养工作,不仅能够对学生的科研学术进行指导,同时又能在日常交流和党支部活动中言传身教,与学生共同进步,将思想政治教育融入研究生学习生活的方方面面,并形成良好的师门氛围和治学理念,全方位教育、培养学生,提升高校研究生人才培养质量和高校治学水平。

(二)创新教学模式,党建带学术,学术促党建

在党建+科研模式的研究生党支部中,党员或参与党支部活动的教师都具有相近的专业背景和科研方向,在日常科研交流和项目汇报中对支部内成员的科研和思想状况都有较深了解。党支部可充分利用研究生课题组已有的学术平台,通过党建引领和思想政治教育,引导学生脚踏实地潜心于科学研究②,在党支部内开展研究生学术道德和学风教育等,充分利用党支部组织生活会等方式开展批评与自我评判,端正研究生党员的科研学习态度,营造良好

---

① 张启钱,王爱伟.导学思政与研究生党支部建设的融合模式研究[J].学位与研究生教育,2021(6):37-42.

② 步献新,杨迷可.高校研究生样板党支部的创建[J].阜阳职业技术学院学报,2022,33(3):14-16.

的科研学习氛围。同样,研究生在科研学习中的表现和品德也可作为党支部成员发展和党员评议时的评定标准,也可将学生在科研和学习上的热情带入党支部的理论学习和支部建设中。① 党建和学术的互促互进、同频共振,可极大提升高校科研成果的积累和党建效应的发挥,促进高校党建质量和科研水平的协同增长。

(三)积蓄党建成果,打造党建示范创优品牌

研究生党支部是高校党组织开展"红色1+1"、建设"全国研究生样板支部"等党建活动的重要载体,将研究生科研培养融入党支部建设中,研究生导师参与和纵向贯通的支部建设模式下,党支部的存续时间较长,且有固定研究生导师的监督和培育,支部活动持续开展,创立品牌党建项目、形成党员标兵的基础较好;同时,资深老教师、优秀青年教师等参与研究生党支部的建设,其在科研教学等方面的显著成就会引导支部产生特有的文化氛围,形成具有学科特色和支部文化的品牌项目。党支部可挖掘课题组特点,围绕教师工作特色,结合国家发展特需,整合课题组内丰富的校内外资源,开展包括"党建+教学""党建+育人""党建+互联网+""党建+科研""党建+社会服务"等特色研究生党建教育活动。② 党建+科研的研究生党支部模式的创新,可促进高校研究生党建成果的积累和科研平台学术成果的产出,可以在高校内形成一批具有典型示范效应的研究生样板党支部,带动全校党建品牌创优,增强学术科研创新的活力。

(四)发挥示范引领,根植学生的专业热情和家国情怀

高校的主要任务是立德树人,围绕的核心问题是"培养什么人、怎样培养

---

① 张超.基于学科(专业)纵向设置的大学生党支部工作模式创新探析[J].高教学刊,2015(9):40-41.
② 步献新,杨迷可.高校研究生样板党支部的创建[J].阜阳职业技术学院学报,2022,33(3):14-16.

人、为谁培养人"。① 高校,特别是一些行业特色高校,如石油、农林、钢铁、机械、航空等,其教学和研究领域均与国家发展和战略安全息息相关,高校中很多教师都从事过一线工作,见证了国家和行业的发展、变革,具有浓厚的专业热情和家国情怀。在科研育人和党建引领融合发展的研究生创新党支部中,研究生党员同业内资深教师共同开展党支部活动,师生互相开展批评教育、互相学习先进品质、互相分享自身感悟。在支部活动过程中,教师的自身经历、治学观念、言行品质都会对支部内学生党员产生潜移默化的影响,通过教师的现身说法,可更好地培养学生的专业认同感、社会责任感和民族自豪感,在学生心中根植对行业奉献的热情和建设国家的激情。

四、科研育人与党建创新融合发展的党支部创新模式探究

研究生在校期间接触最多、了解最深入、归属感最强的群体是研究生所属导师的系所、课题组、实验室等科研平台,其中对研究生科研学习影响最深、研究生认可度和信服度最高的就是其导师。高校研究生党支部成立的目标是在研究生的日常学习生活中对研究生党员进行教育、监督和管理,推进以导师和专业为框架,以科研平台为载体的横向、纵向贯通的网格化高校研究生党支部模式,是高校研究生党支部建设破困局、开新局的新方向。根据高校、专业、学生的不同情况,可开展以下几种创新模式的探究。

(一)以课题组为依托,创建纵向师生联合党支部

课题组、实验室、科研团队是研究生在校期间进行学习交流的主要平台,通过以导师及导师所在课题组为依托的纵向师生联合党支部的创建模式,能够扩大研究生党建工作的覆盖面、影响力,增强研究生党支部的组织凝聚力。② 其创建原则是以导师为结点,同一课题组或实验室所有导师及其所带的所有

---

① 张启钱,王爱伟.导学思政与研究生党支部建设的融合模式研究[J].学位与研究生教育,2021(6):37-42.
② 张超.基于学科(专业)纵向设置的大学生党支部工作模式创新探析[J].高教学刊,2015(9):40-41.

年级研究生共同组成师生联合党支部,并且导师和学生在党支部内共同担任支委,新老党员每年随入学和毕业流动更新,但党支部因导师的稳定性而长期存续。纵向贯通的师生联合党支部建设模式能够使党支部内形成以老带新的模式,支部内党务工作能够始终有序开展,党支部组织管理运行高效合理;能充分发挥新老党员间的传帮带作用,通过在课题组内学习生活的过程化培养,培养出一批又一批有党性、有原则、有能力的青年党员①,并充分发挥导师的引领作用,激发党支部内研究生党员的活力,凝聚党支部合力。同时,以课题组为依托建立的师生联合党支部,因研究生导师长期在学院从事教育教学和招生培养工作,党支部内成员随时流动更新,党支部建设时间较长,支部内特色活动能够长期接续开展,支部成果积累充足,可在学校内形成典型品牌党建活动,树立模范党支部标杆,带动学校学生党支部的发展和建设。

(二)以导师专业方向为原则,师生党支部1+1共建

不同高校、不同学科、不同学院的研究生管理既具有普遍性,也具有特殊性,以课题组为依托的师生联合党支部对于理工科和研究型导学团队来说具有较强适用性,但对于文史类或科研性较弱的导学团队来说,以导师专业方向为原则的师生党支部1+1共建模式可能具有更好的应用前景。研究生党部以导师专业方向为原则划分出学生党支部,并将同专业方向的研究生党支部与其导师对应的教工党支部进行1+1共建,研究生党支部在组织上依然单独运行,但在党建活动中教工党支部与其共建,提供指导和配合。同时,也可形成优秀导师、青年教师与研究生党支部1+1的建设模式,教师党员的组织关系依旧在教工党支部,但教师以"三全育人导师"或"思政导师"的身份参与研究生党支部的日常活动。此模式既考虑到了各高校、学科、学院的特殊性,又极大调动了教师党员在研究生群体中的引领力,激发了研究生党支部的活力和创新性,加强了研究生党支部的思想政治教育。

---

① 张超.基于学科(专业)纵向设置的大学生党支部工作模式创新探析[J].高教学刊,2015(9):40-41.

(三)学校党支部为主,校外临时党支部为辅

随着校企合作的不断深入和高校研究生招生规模的扩大,各高校专业型硕士研究生招收比例逐年增加,同时外出实习、出国交流的机会也不断增多,导致一部分研究生党员会在研究生二年级时进入工作站、单位或去国外进行科研、实习,这部分研究生党员的教育管理工作不能及时跟上。在研究生党员外出实习或交流期间,其所在的研究生党支部开展的各类组织生活或党建活动的在外学生参与率及活动效果均不佳,党支部不能充分发挥教育、监督、管理作用,不能及时掌握在外党员的思想动态,不能及时解决倾向性、苗头性问题。高校应及时关注在外党员的思想动态,积极运用校外临时党支部平台,按照"党员在哪,支部就建在哪"的原则①,掌握学生情况,合理建立校外临时党支部,培养学生党员的归属感,提高党员的思想认识。高校研究生临时党支部的建立不仅要做到组织上全覆盖,更要做到深入学生实际,结合学生所在单位、研究院、地区的特点,运用好临时党支部的优势,作为现有研究生党支部的补充,让高校的学生党建工作落实、落地、落细。②

五、思考展望

以科研平台为依托建立研究生纵向党支部虽在制度和发展上有其优势,但此种模式的推广应用也受研究生专业背景、学习类型、教师人员构成、课题组科研实际、学校党建工作情况等方面的制约,在运行过程中也会面临新的问题和困境。高校党组织应当根据学校、学院、学生实际情况,将科研育人与党建引领深度融合,在宏观上统筹、微观上细化,建立纵向、横向交叉的网格化党支部管理模式。同时,研究生导师是高校研究生的第一责任人,与研究生交流最深入,是研究生科研学术和职业发展的引路人,其与研究生的接触和交流会

---

① 宋晓东.新形势下加强高校研究生党支部建设的对策研究[J].学位与研究生教育,2017(11):39-42.

② 崔春花,丁贞栋.当前高校学生党支部创新设置的若干思考[J].思想教育研究,2015(5):41-43.

在潜移默化中对研究生的思想道德品质产生深远影响。如何深入贯彻融合导学思政模式,切实利用好导学关系在学生教育管理中的重要作用是高校人才培养和党建创新应当关注的重要问题。高校科研育人与研究生党支部建设和创新是一个系统工程,高校应当以全面从严治党的高度要求自身,守住原则不动摇,积极分析研究解决问题、积极开拓创新、勇于变革发展,构建合理科学的党支部建设模式,充分发挥高校研究生党支部的战斗堡垒和先锋模范作用,推动高校高质量党建和高质量科研发展。

工科专业学生党员使命感研究
——以哈尔滨工业大学（深圳）为例

应梦娴

摘　要：学生党员的使命感对高校党员群体、广大学生有深远影响。从心理学视角、个体层面对党员使命感进行研究，通过借鉴职业使命感的研究范式，从导向力、意义与价值、利他贡献三个方面界定了党员使命感的内涵，初步编制了党员使命感的测量工具——简明党员使命感量表和党员使命感量表，结果显示这两个量表信效度良好。通过对党员使命感的问卷调查，结合个体访谈的结果，分析了工科专业学生的特点，同时从导向力、意义与价值、利他贡献三个方面提出了强化工科专业学生党员使命感的策略。

关键词：工科专业；学生党员；使命感

一、引言

学生党员作为优秀学生代表，其政治觉悟、精神面貌对广大学生群体具有深远的影响。当高使命感学生党员的人数较多时，高校学生会表现出更高的整体认同，呈现出更好的精神风貌。因此，深入研究学生党员使命感的现状，提出强化学生党员使命感的策略，切实提升学生党员的使命感，显得尤为迫切和重要。近年来很多学者对党员使命感进行过研究，这些研究大多从思想政治理论视角和党建视角进行切入，针对宏观制度进行研究，较少关注到个体在

课题支持：哈尔滨工业大学（深圳）第三届党建与思想政治教育研究课题。
作者简介：应梦娴，哈尔滨工业大学（深圳），辅导员。

内化党员使命感过程中的主体作用。① 在这些研究中,对党员使命感的内涵还没有统一的结论,同时也缺乏合适的研究工具来对党员使命感进行测量。

本研究将从心理学视角入手,从个体层面对使命感进行研究和探讨。职业使命感是指从事特定领域工作时,个体感受到的一种强烈的、有意义的热情。② 职业使命感的内涵包含导向力(来自外部世界和个体内心,有责任从事某职业的想法)、意义与价值(职业意义感,是个人职业目标与社会价值的结合)、利他贡献(利他助人以及服务社会的意愿)。③ 从内涵上,党员使命感与职业使命感具有高度的一致性。中共党员强调对党的政策的拥护,强调党员肩头的责任、担当与义务,这与"导向力"方面高度契合;中国共产党人的初心和使命,是"为中国人民谋幸福,为中华民族谋复兴",这与"意义与价值"方面高度匹配;中国共产党的宗旨是"全心全意为人民服务",这与"利他贡献"方面一致。

大量研究表明,拥有高职业使命感的个体,在工作中会投入更多的精力和热情④,拥有更高的工作满意度和更优秀的工作绩效⑤。研究发现,在大学生群体中,拥有高职业使命感的学生,会更加积极地参与求职活动。⑥ 拥有高党员使命感的学生,更倾向于参加为人民服务的行为,更积极地投身于对国家有益的事业中,从而为社会创造更多的价值。因此,强化学生党员的使命感,培养出努力奋斗、甘于奉献的社会主义事业接班人是高校党建和思想政治教育的重要任务。

---

① 潘赛,孟庆云.党员干部的使命感研究——以积极心理学为研究视角[J].中共石家庄市委党校学报,2019,21(4):23-27.

② 沈雪萍,胡湜.大学生主动性人格与求职清晰度的关系:职业使命感的中介与调节作用[J].中国临床心理学杂志,2015,23(1):166-170.

③ 姚军梅.职业使命感、工作投入对职业成功的影响机制研究[D].长春:吉林大学,2017.

④ 沈雪萍,顾雪英.大学生主动性人格与职业决策困难的关系:职业自我效能和职业使命感的中介作用[J].心理学探新,2018,38(6):546-550+556.

⑤ 谢宝国,辛迅,周文霞.工作使命感:一个正在复苏的研究课题[J].心理科学进展,2016,24(5):783-793.

⑥ 叶宝娟,郑清,陈昂,等.职业使命感对大学生求职行为的影响:求职效能感的中介作用及情绪调节的调节作用[J].中国临床心理学杂志,2016,24(5):939-942.

目前国内外关于职业使命感的研究取得了重要成果,本研究计划借鉴职业使命感的研究范式,从导向力、意义与价值、利他贡献三个方面来理解党员使命感,编制出党员使命感测量工具,对其信效度进行验证。通过问卷调查和个体访谈的研究方法,旨在深入了解工科专业学生的特点,从而提出强化工科专业学生党员使命感的策略。

二、研究方法

(一)被试情况

在哈尔滨工业大学(深圳)随机选择161位学生党员进行问卷调查,回收有效问卷161份,问卷有效率为100%。在161位党员中,男生112人(占比69.57%),女生49人(占比30.43%);本科生43人(占比26.71%),硕士研究生84人(占比52.17%),博士研究生34人(占比21.12%)。被试者的平均年龄为23.24岁(SD=2.71)。

(二)研究工具

1. 简明党员使命感量表

采用Steger等人编制的简明使命感量表中的拥有使命分量表来编制简明党员使命感量表。拥有使命分量表包含2个条目,采用5点计分(从"完全不符合"到"完全符合"),得分越高表示使命感越强。此前的研究表明,在中国文化背景下,此量表呈现出良好的信效度。①

简明党员使命感量表包含2个条目,分别为"我对党员身份具有使命感"和"我很了解自己的党员使命感",采用5点计分(从"完全不符合"到"完全符合"),具体见表1,得分越高说明党员使命感越强。在本研究中,这2个项目呈现显著相关,$r=0.79$,$p<0.01$,量表内部一致性系数 α 为0.88。

---

① 沈雪萍,胡湜.大学生主动性人格与求职清晰度的关系:职业使命感的中介与调节作用[J].中国临床心理学杂志,2015,23(1):166-170.

工科专业学生党员使命感研究——以哈尔滨工业大学(深圳)为例

表1 简明党员使命感量表

条目	完全不符合	比较不符合	中间程度	比较符合	完全符合
1.我对党员身份具有使命感	1	2	3	4	5
2.我很了解自己的党员使命感	1	2	3	4	5

2. 党员使命感量表

采用张春雨编制的职业使命感量表来编制党员使命感量表,该量表在之前的研究中展现了良好的信效度①。张春雨编制的职业使命感量表包含3个维度,分别为导向力、意义和价值、利他贡献,11个条目。鉴于"利他贡献"中的条目"我不在乎自己的职业能否造福他人或社会"不适用于党员使命感场景,因此将此条目剔除。

党员使命感量表共10个条目,具体条目见表2,采用5点计分(从"完全不符合"到"完全符合"),得分越高说明党员使命感越强。在本次调查中,量表内部一致性系数 α 为0.909。

表2 党员使命感量表

条目	完全不符合	比较不符合	中间程度	比较符合	完全符合
1.我要做一些有益于他人的事情	1	2	3	4	5
2.我想我做的事情要对社会有所贡献	1	2	3	4	5
3.我要通过党员身份做一些有益于社会的事情	1	2	3	4	5
4.我感觉有一种无形的力量推动着自己去成为一名中共党员	1	2	3	4	5
5.我受到某种力量的感召而选择成为一名中共党员	1	2	3	4	5

---

① 张春雨. 职业使命感:结构、测量及其与幸福的联系[D]. 重庆:西南大学,2015.

续表

条目	完全不符合	比较不符合	中间程度	比较符合	完全符合
6.我感觉自己注定要成为一名中共党员	1	2	3	4	5
7.我认为自己理所当然成为一名中共党员	1	2	3	4	5
8.我要在党员身份中寻找到自己存在的意义	1	2	3	4	5
9.我要在党员身份中感到自己存在的价值	1	2	3	4	5
10.我的党员身份是体现我的人生价值的一种方式	1	2	3	4	5

3. 人生意义感量表

采用 Steger 等编制的人生意义感量表中的人生意义感知分量表,此量表包含 5 个条目,采用 7 点计分(从"完全不同意"到"完全同意"),得分越高表示人生意义感越强①。此量表在国内外的研究中应用广泛,信效度良好。本研究中,量表的内部一致性系数 α 为 0.858。

4. 生活满意度量表

采用 Diener 等编制的生活满意度量表,此量表包含 5 个条目,采用 7 点计分(从"完全不同意"到"完全同意"),得分越高表示生活满意度越高②。此量表在国内外的研究中应用广泛,信效度良好。本研究中,量表的内部一致性系数 α 为 0.868。

---

① Steger M F,Frazier P,Oishi S,et al. The Meaning in Life Questionnaire:Assessing the Presence of and Search for Meaning in Life[J]. Journal of Counseling Psychology,2006,53(1):80-93.

② Diener E,Emmons R,Larsen R,et al. The Satisfaction with Life Scale[J]. Journal of Personality Assessment,1985,49:71-75.

（三）数据分析

1. 效度分析

对新编制的简明党员使命感量表、党员使命感量表进行效度分析,采用人生意义感和生活满意度作为效标。表3呈现了各量表之间的相关性,简明党员使命感量表和党员使命感量表呈现显著正相关关系,这支持了新编制量表的聚合效度。简明党员使命感与人生意义感、生活满意度均呈显著正相关关系,党员使命感与人生意义感、生活满意度呈显著正相关关系。这一结果与之前的研究结果保持一致,为新编制的量表提供了效标效度。综上,简明党员使命感量表、党员使命感量表具有良好的信效度,可以作为党员使命感的测量工具。

表3　各量表之间的关系

变量	M	SD	1	2	3	4
1.简明党员使命感	8.61	1.35				
2.党员使命感	41.56	6.07	0.735**			
3.人生意义感	25.65	5.18	0.547**	0.598**		
4.生活满意度	23.03	5.43	0.509**	0.490**	0.619**	

注:** $p<0.01$。

2. 党员使命感的现状

量表结果显示,哈尔滨工业大学(深圳)的学生党员具有较强的党员使命感。简明党员使命感量表平均分为8.61分(总分为10分),党员使命感量表平均分为41.56分(总分为50分)。在党员使命感量表中,导向力、意义与价值、利他贡献各维度上的均分分别为3.93、4.17、4.44,这表明导向力、意义与价值两个维度上的分值较低。因此,有必要进一步加强导向力、意义与价值方面的教育和引导,以提高学生党员在这两个维度上的使命感。

三、强化工科专业学生党员使命感的策略

结合问卷结果,并对参与问卷调查的学生党员进行个体访谈。经过梳

理,工科专业的学生特点可以从学科属性、职业导向、群体特点三个维度进行分析。

(1)学科属性:工科专业不仅课程繁多,难度也相当高,本科生面临极大的课业压力,而研究生则承担着繁重的科研任务。除了掌握理论知识,工科专业学生还必须通过大量实验来锻炼自己的实践技能,并投身于科技创新活动。因此,工科专业学生具备扎实的数理基础和严谨的科学素养,强调理论与实践相结合,能够将理论知识应用于解决具体技术问题。

(2)职业导向:工科专业学生通常以实践应用为核心,具有丰富的实践经验和对技术创新的热情。工科专业学生追求专业上的不断发展,同时具备解决复杂技术问题的才能,致力于攻克技术难题。因此,在职业选择上,工科专业学生更倾向于技术类岗位,从事新技术或新产品的开发工作,在专业领域内推动科技创新,实现技术上的重大突破。

(3)群体特点:工科课程较少涵盖人文社会科学领域的内容,这可能导致工科专业学生对人文社会科学领域的知识了解较少。工科的实用主义思维,可能会让工科专业学生在理解复杂的社会问题上存在局限性。此外,工科专业学生的学习压力较大,需要在课程和科研中投入大量时间,这导致工科专业学生较少参与校园文化活动。因此,工科专业学生的人文素养相对缺乏。

工科专业学生党员与其他大学生党员一样,都具有为人民服务的意愿、强烈的社会责任感和奉献精神,但由于其专业特点,工科专业学生的党员使命感具有鲜明的特点。工科专业学生党员使命感更侧重技术应用、科技创新和工程实践,强调将党的理念与科技创新相结合,以推动科技进步和产业发展,为国家的现代化建设做出贡献。结合工科专业学生的特点,强化工科专业学生党员使命感的策略可以从导向力、意义与价值、利他贡献三个方面入手。

(一)导向力:加强理论学习、创新活动形式、完善激励机制

导向力来源于外部世界和个体内心,因此增强学生党员的导向力可以从外部世界和个体内心两个层面采取措施。将导向力内化到学生党员心中,可以通过加强思想政治理论学习、创新党员活动的开展形式、完善学生党员表彰

激励机制,让学生党员切实感受到党员的使命感,认同并内化到心中,从而纳入自身的价值体系中。

1. 加强思想政治理论学习

在访谈中,大部分学生党员表示自身的思想政治理论学习不够深入。因此,结合时事热点,有针对性地开展相关政策和讲话的学习活动,可以帮助学生党员加强对相关政策和讲话的学习和理解。同时,增加分享与互动环节,激发学生党员的学习热情,增强其学习兴趣,从而提升学生党员的思想觉悟和政治素养。

2. 创新党员活动的开展形式

在访谈中,一些学生党员提到目前党员活动的形式相对较为单一。因此,用学生党员喜闻乐见的形式开展活动,令党员活动贴近学生实际生活,让学生党员能切实从党员活动中有所感悟、有所收获,从而增强党支部活动的参与度,提升基层党支部的凝聚力,同时也增强学生党员的归属感和认同感。

3. 完善学生党员表彰激励机制

一些学生党员表示获得荣誉、接受表彰显著提升了其党员使命感。因此可以进一步完善学生党员表彰激励机制,评选学生党员中的优秀个人和集体。通过基层评选、组织推荐、荣誉授予以及表彰典礼等形式,切实增强受表彰党员的荣誉感。同时,在学生群体中营造学习优秀党员的良好文化氛围,以激发学生党员的使命感。

(二)意义与价值:加强思想引领、加强职业规划教育、打造品牌活动

研究显示,职业使命感与自我明晰度有显著正相关关系,个体通过自我探索,了解真实的自我,从而发现自己的使命。① 这意味着,当学生党员明确了自

---

① 张春雨. 职业使命感:结构、测量及其与幸福的联系[D]. 重庆:西南大学,2015.

己的理想目标和职业规划,使命感将相应提升。因此,加强学生党员的意义与价值感,可以从引导他们树立正确的价值理想、帮助他们明确自身职业规划、营造积极向上的校园文化氛围入手。

1. 加强思想引导与价值引领

大多数学生党员希望利用自身的专业知识和技能,为现代化建设做出贡献。引导学生党员把个人目标与社会价值结合在一起,充分利用自身专业特点,帮助他们找到个人职业与社会价值的结合点,激励广大学生党员把个人的理想融入党和国家的事业中,为党、为祖国、为人民多做贡献。

2. 加强职业规划和就业指导,帮助学生明确未来发展目标

大部分学生党员曾经对自身未来的发展方向感到迷茫。因此,通过开设职业规划相关课程、组织就业引导讲座、举行大型招聘会等多种形式,帮助他们探索自身职业理想,提升他们对外部世界的认知,帮助他们树立理想、明确未来发展目标,从而提升学生党员的使命感。

3. 打造党建品牌活动

部分学生党员表示自身的人文素养有待提高,校园文化氛围营造有待进一步加强。因此,通过打造各具特色的党建品牌活动,建立学校思想引领阵地,引领学生党员在党建活动中接受浸润和熏陶,传承红色基因,培育家国情怀,从而营造积极健康、奋发向上的校园文化氛围。

(三)利他贡献:加强典型宣传、开展志愿服务、鼓励科技创新

可以通过加强典型宣传和开展志愿服务的方式,提升学生党员利他贡献的意识。一方面积极营造学习优秀党员奉献社会的氛围,另一方面让学生党员切身感受到参与助人行为的满足感,培养他们的社会责任感。同时,鼓励工科学生党员在本专业领域做出科技创新,为社会和他人贡献专业力量。

1. 加强对优秀学生党员奉献类事迹的宣传

部分学生党员表示目前对优秀学生党员的奉献类事迹的宣传力度不够，因此要深入挖掘，树立典型，特别是支教贫困山区、支援西部的奉献类典型学生党员。通过党团活动、讲座、新媒体平台等多种方式，积极宣传优秀学生党员的事迹，让其他学生党员切实感受到来自身边榜样的力量，从内心深处认同榜样，激发学生党员向榜样学习的动力。

2. 开展形式多样的志愿服务活动

部分学生党员表示参与志愿服务显著提升了其党员使命感。因此，要继续开展丰富多彩的志愿服务活动，如关爱孤独症儿童、清理山野、垃圾分类宣传等活动，鼓励学生党员积极参与各类志愿服务活动。通过这些活动，让学生体验到帮助他人的快乐感和满足感，增强其社会责任感，从而提升学生党员利他助人、服务社会的意愿和行动力。

3. 鼓励科学技术创新

大多数学生党员都希望自身可以在科研领域做出创新性工作，为科技发展和社会进步做出贡献。工科专业学生具备扎实的科学素养和丰富的实践经验，能够在多个领域进行科技创新并投入应用。根据学科和专业特点，鼓励学生党员积极投身科技创新，在本专业领域深入开展创新型研究，激发其在技术创新中贡献自身的专业力量，为他人和社会做出属于自己的贡献。

四、结语

本文借鉴"职业使命感"的研究范式，以哈尔滨工业大学（深圳）的工科学生党员为研究对象，初步编制了党员使命感的测量工具——简明党员使命感量表和党员使命感量表。结果显示，这两个量表信效度良好，可以作为党员使命感的测量工具。通过对党员使命感的问卷调查，深入了解了哈尔滨工业大学（深圳）学生党员使命感的现状。结合个体访谈的结果，总结出工科专业学生的特点为技术背景坚实、实践经验丰富、创新能力突出、人文素养相对较低。

工科专业学生党员的使命感更侧重技术应用、科技创新和工程实践。最后，从导向力、意义与价值、利他贡献三个方面提出了强化工科专业学生党员使命感的策略，分别为加强理论学习、创新活动形式、完善激励机制；加强思想引领、加强职业规划教育、打造品牌活动；加强典型宣传、开展志愿服务、鼓励科技创新。本文从心理学视角对党员使命感进行研究，编制了党员使命感的测量工具，提出了强化工科专业学生党员使命感的策略，希望为高校学生思想政治教育和党建工作提供一定的借鉴和参考。

思想教育

新时代高校爱国主义教育评价体系构建研究

初金哲　庄卫东

摘　要: 新时代需要深入弘扬爱国主义精神,重点是加强高校爱国主义教育。加强高校爱国主义教育需要建立科学的理论体系和实践体系,更需要构建科学合理的评价体系。探讨建立新时代高校爱国主义教育评价体系要针对现实存在的具体矛盾和问题,明晰评价体系涵义,坚持构建原则,遵循构建标准,努力构建起评价主体、评价客体、评价方法的多元化结构,并理顺全部因素之间的辩证关系,采用多元化方法,突出量化应用,通过建立科学有效的评价体系,着力提升高校爱国主义教育的质量和水平。构建的评价体系模型和案例将为全国高校开展爱国主义教育评价提供参考借鉴。

关键词: 新时代;爱国主义教育;评价体系

新时代中国特色社会主义建设和实现中华民族伟大复兴中国梦需要传承弘扬爱国主义精神,加强新时代高校爱国主义教育。习近平总书记指出:"要把加强青少年的爱国主义教育摆在更加突出的位置,把爱我中华的种子埋入每个孩子的心灵深处。"①加强新时代高校爱国主义教育除了需要构建科学的

基金项目: 黑龙江省哲学社会科学研究规划项目"北大荒精神融入黑龙江省高校爱国主义教育路径探究"(项目编号:21EDC194)。

作者简介: 初金哲,男,黑龙江八一农垦大学讲师,硕士,主要从事大学生思想政治教育研究、管理经济学研究;庄卫东,男,黑龙江八一农垦大学教授,硕士生导师,主要从事高等教育研究。

① 习近平.习近平谈治国理政·第三卷[M].北京:外文出版社,2020.

理论体系和实践体系,还需要同时构建科学的评价体系。落实《中华人民共和国爱国主义教育法》关于提供指导、加强监督、明确责任等法制精神,也需要构建科学的爱国主义教育评价体系。目前,诸如大学生社会主义核心价值观教育、高校思想政治教育及高校第二课堂课程教学等都建立了比较完善的评价体系,而高校爱国主义教育评价体系却还是空白,搜遍网络都没有任何发现。只有教育没有评价,高校爱国主义教育将失去结构性支撑,极易出现教育过程的盲目性、随意性和低效性。

建立科学的新时代高校爱国主义教育评价体系,是指以习近平新时代中国特色社会主义思想为指南,针对高校爱国主义教育现状,由爱国主义教育评价的内在逻辑结构形成评价内容和方法,主要包括评价原则和标准、评价主体和客体、评价方法和效果等,具有对高校爱国主义教育工作水平及效果进行问题分析、经验总结、监督考核、过程促进等主要功能。高校爱国主义教育评价体系是高校开展爱国主义教育的重要组成部分,既有助于促进高校大学生爱国主义思想的树立和增强,又有助于提高高校爱国主义教育的质量和水平。同时,高校爱国主义教育评价体系具有明显的迁移性,与高校思想政治教育评价及其他性质类似的评价几乎可以通用,具有广泛的应用价值。

一、目前高校爱国主义教育评价存在的突出问题

建立科学的新时代高校爱国主义教育评价体系,首先需要全面梳理目前高校爱国主义教育评价工作"五不足"的问题,以便增强评价体系的针对性和现实性。

(一)爱国主义教育评价理论性不足

中华民族具有数千年的爱国主义教育传统,新中国成立后,更形成了以红色爱国主义精神为核心、以思想政治教育为特色的爱国主义教育理论和实践体系。但相对而言,对建立科学的爱国主义教育评价体系却关注不足,远未达到基本的理论要求。这既有"评价"作为现代管理学重要概念诞生时间不长的客观原因,也有人们普遍存在"重教育、轻评价"思想的主观原因,而后者正是

目前高校爱国主义教育评价工作中普遍存在的问题。高校爱国主义教育评价工作中的理论性不足,不但严重影响高校爱国主义教育评价工作水平的可持续提高,也严重影响新时代高校爱国主义教育评价体系的系统性建立。①

(二)爱国主义教育评价实践性不足

目前,高校普遍开展的爱国主义课程教育和活动教育是思想政治教育的重要组成部分,是高校重要的工作任务之一。但是,在开展爱国主义教育过程中,只见搞教育,鲜见搞评价;只见搞活动,鲜见评效果。这导致高校爱国主义教育评价实践性不足,已经成为制约高校深入、持久、有效开展爱国主义教育的瓶颈。原因除了不够重视,主要是一直没有科学的评价体系,缺少科学理论指导和操作性强的应用性把握。目前所谓的评价,只是一般的工作性总结,按照一般的工作标准,给出一般的工作性评价。而且这种工作性评价通常只是少数人评价、任务式评价,很多时候只是走过场、走形式。

(三)爱国主义教育评价多元性不足

从哲学角度看,任何体系的成立,都必须具备相关因素的多元性,才能从结构上保证体系稳定,发挥正常的体系功能。目前高校对爱国主义教育评价的认识和处理还比较简单化。体现在评价主体上,通常只是由组织者一方进行一般性的总结,如教育行政方对思政类课程的教学总结,或党组织、团组织、社团对开展特定活动的工作总结。体现在评价内容上,通常只是针对教育主题进行"是与非"的简单评价,或者针对一般的工作内容如组织水平等进行"好与差"的鼓励评价。体现在评价方法上,通常只是通过课程成绩检验或活动现场观摩等方式进行直接的简单评价。这类评价一般是单主体、单内容、单方法,评价结果很难做到科学、全面、深刻。

---

① 熊颖,雷浩.促进共同发展:同伴评价的历史考察、现实路径与未来方向[J].教育测量与评价,2021(9):21-29+47.

（四）爱国主义教育评价真实性不足

爱国主义教育作为政治要求是高校教育的硬任务，但由于缺少客观性评价，也有可能变成软任务。软任务最容易造成评价失真。比较而言，课程教学有不同的"硬杠"标准可供检验，而爱国主义教育一旦不具备"体系"这个"硬杠"，评价可实可虚。当高校爱国主义教育评价只有个别部门在做，用简单方法去做，以追求功利为目的去做，便极有可能出现"求和气"现象，导致评价严重失真，失去评价的真实意义和作用。评价越单一、越简单，越容易失真，这是目前高校爱国主义教育评价工作中普遍存在的矛盾和问题。只有建立具备全面性、严谨性、制约性等系统性特征的新时代高校爱国主义教育评价体系，才能解决目前普遍存在的高校爱国主义教育评价真实性不足的问题。

（五）爱国主义教育评价公信力不足

"评价"作为对人或事物的价值判断，是否对人或事物有一定的参考或应用价值，除了价值本身的正确性，还以评价者是否具备一定的公信力为前提。公信力的高低决定"评价"的价值高低，不但对"评价"自身发展有直接影响，对所评价事物的发展也有直接影响，或者促进，或者阻碍。应当承认，目前高校爱国主义教育评价的公信力还不够高，不但直接影响科学评价体系的建立，也直接影响爱国主义教育质量和水平的提高。主要原因有二：一是表层原因，即专家参与度不够，本就带有敷衍性质的所谓评价通常都由非专业人员或一般的专业人员进行，或简单地由具有较高职称的人员进行；二是深层原因，即评价不是依照科学的体系进行，而是按照一般的工作要求和标准进行。

二、新时代高校爱国主义教育评价体系的评价原则和标准

建立科学的新时代高校爱国主义教育评价体系，需要明确总体的评价原则和标准，以便增强评价体系的指导性和监督性。

（一）新时代高校爱国主义教育评价体系的评价原则

1. 坚持以习近平新时代中国特色社会主义思想为指南

新时代有新时代的发展内容和现实问题。在坚持马克思主义中国化的过程中，经过多年的实践探索和经验教训总结，习近平新时代中国特色社会主义思想与中国社会发展实践结合得更紧密。建立科学的新时代高校爱国主义教育评价体系，必须坚持以习近平新时代中国特色社会主义思想为指南，不断引领、不断完善、不断纠偏。

2. 坚持解决市场经济条件下的社会热点难点问题

实行社会主义市场经济是中国改革开放的核心内涵。改革开放使中国发生了巨大变化，实现了国富民强。建设中国特色社会主义、实现中华民族伟大复兴中国梦既有机遇，也有挑战，需要解决很多现实矛盾和问题。建立新时代高校爱国主义教育评价体系，必须紧密结合市场经济条件下的社会热点难点问题，不断继承传统，不断发展创新。

3. 坚持与时俱进，不断创新评价体系的结构、内容和方法

僵化是阻碍事物发展进步的大敌，没有一成不变的科学评价体系，只有不断创新、不断充实、不断发展的评价体系。建立新时代高校爱国主义教育评价体系，必须不断推进评价主体的多元化、评价客体的全域化、评价方法的科学化，不断理顺评价体系内部各因子之间的关系，不断解决新问题、不断创建新目标、不断调整新体系。

（二）新时代高校爱国主义教育评价体系的评价标准

1. 科学性标准

科学是客观规律，任何主观臆想都不可避免地脱离实际，违背客观规律。

新时代高校爱国主义教育评价体系必须是符合客观规律的设计,而不是闭门造车的主观臆断,必须依赖科学的数据和标准。

2. 系统性标准

新时代高校爱国主义教育评价体系构建的是一个科学系统,而不是独叶单枝,必须站在系统的角度,运用系统的方法。

3. 应用性标准

所有的思想和理论最终都是为了应用。新时代高校爱国主义教育评价体系虽然不乏理论性内容,但必须以实践应用为重点,以突出实践应用为目标,在应用中不断调整,不断完善,最终建立起一个科学的应用体系。

4. 操作性标准

应用性研究所提出的对策和措施必须具有较强的可操作性。新时代高校爱国主义教育评价体系必须给出操作性强的具体路径和方法,使其具有更高的通用性和可复制性。

5. 创新性标准

创新对事物的发展进步既是一种导向,也是一种标准。新时代高校爱国主义教育评价体系必须高度重视创新,没有创新的设计和实践,体系很难具备持续发展的生命力。

三、新时代高校爱国主义教育评价体系的评价主体和客体

建立科学的新时代高校爱国主义教育评价体系,需要明确多元化的评价主体和客体,以便增强评价体系的开放性和包容性。

(一)构建多元化评价主体

评价主体类型是对具有新时代高校爱国主义教育相应评价资格、评价责

任和评价水平的个体或集体的分类描述。理想目标是构建多元化的评价主体。

1. 学生评价主体

一是自我评价主体。新时代高校爱国主义教育的主要对象无疑是学生，无论在相关知识学习领会方面，还是在参加教育活动体会方面，都需要学生定期或不定期地对自身进行相关评价，所以无论从对象看还是从数量看，学生本身必然是开展评价活动的首要责任主体。

二是同伴评价主体。同伴指同学，主要是同班级同学，或在学习活动中以及相关组织中有紧密联系的同学。同伴评价往往具有更直接、更快捷、更亲和、更真实的效果。① 通常情况下，开展评价活动的第一程序或环节往往从同伴评价开始，所以同伴必然是开展评价活动的紧密责任主体。

2. 教师评价主体

一是专任教师评价主体。专业课教师及相关的非专业课教师是新时代高校爱国主义教育的主要施教者，包括思想政治专业课教师或与思想政治教育有关的课程教师，因此无论从工作性质还是从能力水平看，专任教师都是构成评价主体的重要人员。通常情况下，对学生进行的大量的、日常的、基础的评价主要由专任教师进行，所以专任教师必然是开展评价活动的教育责任主体。

二是辅导员评价主体。高校辅导员是高校为在思想道德和行为规范等诸多方面对学生进行引导教育和监督促进所设立的专职岗位，体现在新时代高校爱国主义教育评价上，辅导员负有特殊职责。在全部评价主体中，辅导员是与学生接触最频繁、了解最详细、感受最准确的评价主体，并且负有传统教育教学所应当负有的直接评价责任，所以辅导员必然是开展评价活动的督导责任主体。

---

① 熊颖,雷浩.促进共同发展：同伴评价的历史考察、现实路径与未来方向[J].教育测量与评价,2021(9):21-29+47.

3. 行政评价主体

一是校级行政评价主体。教务处、学生处、招生就业处等校级行政组织通过定期或不定期召开工作会议,牵头落实、统筹协调、研究制定本校新时代高校爱国主义教育工作的长远发展规划、工作目标、工作任务,并制定相应的管理、考评、监督和运行等机制,对全校相关工作进行宏观指导和调控,所以校级行政组织必然是开展评价活动的上级行政责任主体。

二是二级院系评价主体。二级院系是对学生实施新时代高校爱国主义教育教学的基层行政单位,包括对学生实施课程教学和具体组织开展各类新时代高校爱国主义教育相关活动。二级院系不但具备这些方面的教育教学组织、教师及其他必要条件,也具有直接的政治责任和行政责任,所以二级院系必然是开展评价活动的基层行政责任主体。

4. 党群评价主体

一是党组织评价主体。党组织是开展新时代高校爱国主义教育的第一领导者和最高决策者,负有把握方向、制定政策、协调全局等重大领导责任,所以高校各级党组织必然是评价活动的政治责任主体。

二是团组织评价主体。各级团组织是高校党组织开展思想政治工作的有力助手,是组织开展新时代高校爱国主义教育重大活动的主要组织,因此在评价新时代高校爱国主义教育活动上,具有重要的地位和作用,所以高校团组织必然是开展评价活动的协助责任主体。

三是社团评价主体。高校大学生经常组织各种社团开展积极健康的各类活动。很多活动或直接或间接与学生的思想成长或素质培养紧密相关。对这些活动的评价能够在一定程度上反映新时代高校爱国主义教育的间接效果,所以各种社团组织必然是开展评价活动的相关责任主体。

5. 专家评价主体

一是高级专家评价主体。高级专家指研究资历丰厚,成果显著,在校内、市内、省内甚至国内外都拥有较高知名度的专家,为数不多,但在高校往往集中存在,是开展专业评价活动的领军者。

二是普通专家评价主体。普通专家指不但从事相关专业工作,且有相当的研究成果,有较高水平的专业认识和见地,通常是从事多年专业教学工作或专项组织工作的教师或基层领导者等,是开展专业评价活动的基础力量。

6. 合作评价主体

一是合作院校评价主体。开展新时代高校爱国主义教育教学,需要经常与其他院校密切合作,通过具体的、专业性的交流实现双方共同的教育教学目标。

二是合作企事业单位评价主体。开展各类新时代高校爱国主义教育实践活动,需要经常与各类社会实践合作单位、志愿服务合作单位、实习实训合作单位、3+1校企合作单位、校友合作单位、公共服务展馆等合作,实现多方面的合作共赢。与社会各个方面开展的合作,无论在队伍上、专业上、条件上还是其他方面,都有利于形成一个育人整体,有利于共同完成各自的相关任务,所以各类外部相关机构必然是评价活动的合作责任主体。

(二)构建多元化评价客体

评价客体类型是指对能够成为新时代高校爱国主义教育评价内容的分类描述。理想目标是构建全域化的评价客体。

1. 制度评价

制度评价是人的认知行为和实践行为达到预期目的、取得预期效果的规范化保证。新时代高校爱国主义教育必须建立科学的评价制度,并成为重点评价客体,主要包括目标、标准、绩效、奖惩等相关的制度。要注重评价制度的科学性、应用性、常态化和有效性,不但要注重制度的建立和完善,更要注重制度的发展和创新。①

---

① 汪斌锋,王秋艳.大中小学德育一体化的评价指标设计:原则、要素和维度[J].上海教师,2021(3):47-54.

2. 主题评价

新时代高校爱国主义教育必须有正确的、积极的、符合中国国情和传统文化、符合现实社会发展要求的主题,无论体现在知识灌输性的第一课堂教育上,还是体现在丰富多彩的实践活动上。在信息技术高度发达的现实条件下,教育活动和实践养成活动主题丰富多彩,更需要经常地、及时地对其进行评价。①

3. 方法评价

高校爱国主义教育评价必须采用科学有效的方法,没有正确的方法,教育教学效果将大打折扣。科学有效的评价方法既有稳定的传统性内容,也有适应时代的创新性内容。例如体现在理论教育和实践养成两大路径上,既有书面课堂教育的传统方法,又有结合现实开展丰富多彩活动的方法。对评价方法的优劣进行科学评价,有助于促进评价方法的科学化。

四、新时代高校爱国主义教育评价体系的评价内容和方法

建立科学的新时代高校爱国主义教育评价体系,需要明确主要的评价内容和方法,以便增强评价体系的实用性和实效性。

(一)主要评价内容

新时代高校爱国主义教育评价体系的评价内容以鲜明的系统性和辩证性为特征,基本形成了评价内容的全域化。新时代高校爱国主义教育评价体系模型如图1所示。

新时代高校爱国主义教育评价体系是一个从全部评价因子间的相互作用演化得到的三维立体。核心原理有两点:一是体系的因子构成越全面越好;二是各因子之间的关系越互相促进越好。评价因子关系的是因子的全面性与辩证性,理想目标是形成以下三大系统辩证关系:

---

① 陆道坤.课程思政评价的设计与实施[J].思想理论教育,2021(3):25-31.

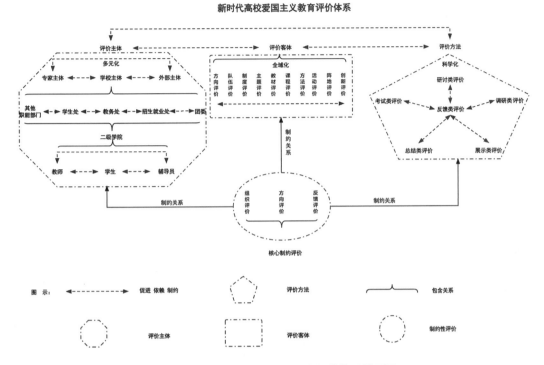

图 1 新时代高校爱国主义教育评价体系模型图

1. 相互补充、相互印证的系统辩证关系

系统辩证思想认为,系统事物内的诸因子首先是相互补充、相互印证的关系,表明事物内部各因子的相互依赖性,是事物运动发展基本的属性和规律。

2. 相互监督、相互制约的系统辩证关系

系统辩证思想认为,系统事物内的诸因子在相互补充、相互印证的基础上,又具有相互监督、相互制约的关系,表明事物内部各因子的相互独立性,是事物运动发展更重要的属性和规律。

3. 相互生发、相互促进的系统辩证关系

系统辩证思想认为,系统事物内的诸因子在相互补充、相互印证、相互监督、相互制约的基础上,又具有相互生发、相互促进的关系,表明事物内部各因子的相互成长性,是事物运动发展最主要的属性和规律。①

(二)主要评价方法

新时代高校爱国主义教育评价体系的评价方法以多元化和系统化为特征,基本形成了评价方法的具体化。主要包括以下评价方法:

1. 调研类评价

调查研究是了解、认识、把握事物的基本方法,同样可以作为评价事物的基本方法。采用调研类评价方法开展事物评价,具有时间上的初始性、方法上的灵活性、条件上的便利性、人际上的亲和性等特征。调查研究可以采用面询、面谈、问卷等多种具体方法,最后形成的调查研究报告即可以作为一种科学的评价结果。② 同时,调查研究报告既包括了对所评价事物的评价,还可以分析相关矛盾和问题,提出符合调查研究主体身份的具体评价和相关改进措施及建议等,供被评价方参考。

2. 总结类评价

总结是在事物发生发展到一定阶段或全过程结束之后,人们按照特定的需要对其进行的综合性整理和判断,是总结事物发展经验或教训的基本方法,通常也可以作为评价事物的基本方法。采用总结类评价方法开展事物评价,具有事实上的客观性、内容上的全面性、判断上的证据性、结果上的修正性、保存上的文档性等特征。总结在主体上可以是个人、集体,在时间上可以是阶段、全局,在内容上可以是专项、全面。总结类评价要求必须具备正反两方面内容,既肯定优点,也找出不足。

---

① 李林娇,李得天,李浩野."第二课堂成绩单"服务的高校学生考核评价体系[J].中外企业家,2017(04Z):194.
② 刘洪银,边立云.新时代高校劳动育人效果评价、影响因素及提升理路——基于天津市19所高校的调查分析[J].中国劳动关系学院学报,2023,37(1):115-124.

3. 考试类评价

考试是人们检测学习者对知识的掌握情况，或者按照不同要求选择不同人群的基本方法，也可以作为对事物中某些特定内容进行评价的基本方法。采用考试类评价方法开展事物评价，具有目标上的指向性、知识上的严谨性、答案上的确定性、结果上的认同性、预期上的激励性等特征。考试在载体上可以是卷面考试或非卷面考试，在要求上可以是闭卷考试或开卷考试，在时间上可以是定期考试或随机考试，在标准上可以是理论考试或应用考试。考试类评价不只针对个体，也可以针对集体；不只针对受教育者，也可以针对教育者；不只针对教育内容，也可以针对教育工作。

4. 研讨类评价

研讨是人们通过交流不同看法对事物进行深入认识并求取共识的基本方法，研讨过程本身就具有充分的评价性内涵和属性，因而可以作为一种更高水平、更高层次的评价方法。采用研讨类方法开展事物评价，具有理论上的系统性、专家上的权威性、认识上的启迪性、发表上的公开性、范围上的影响性等特征。研讨类评价可以召开综合性研讨会或专题性研讨会，可以举办讲座或报告会，既可以书面交流，也可以发言交流。研讨类评价鼓励多元主体参与，鼓励发表不同意见，提出不同建议，以获得评价效果的最大张力。

5. 展示类评价

展示是人们经常用来表达思想和情感的基本方法，也经常用来展示所获成果，因此展示本身即具有一定的评价作用，由此成为评价的基本方法。采用展示类评价方法开展事物评价，具有内容上的丰富性、表达上的直观性、情感上的鲜活性、效果上的激励性等特征。展示类评价可以采取图片类展示、竞赛类展示、表演类展示、说明类展示等。展示类评价由于具有较强的艺术性，更容易引起青年人的兴趣，因而最适合用于高校对大学生的思想及能力等多方面的综合评价。①

6. 反馈类评价

反馈是人们通过了解和掌握自身发生的行为在社会中所产生的客观反响进而调整自身行为的重要环节,其客观反响便成为对该行为的客观评价。采用反馈类评价方法开展事物评价,具有方法上的自然性、结果上的真实性、技术上的可靠性、时间上的常态性、专业上的补充性等特征。反馈类评价传统上包括来信来访、转达转载等,目前最为现代化的是网络舆情,对某事物发生发展的评价很容易出现在网络上,收集整理也很方便。反馈类评价尤其容易引起青年人的注意,对他们的影响最大。

五、新时代高校爱国主义教育评价体系的评价量化和效果

建立科学的新时代高校爱国主义教育评价体系,需要明确基本的评价量化和效果,以便增强评价体系的可操作性和目的性。

（一）评价量化应用

新时代高校爱国主义教育评价体系最实际、最有价值的方法是量化。②

1. 量化内容

以学生、教师为主体,以学校党政部门、校外合作单位、专家学者为客体,对爱国主义教育的育人实效进行量化评估,尽可能将评价内容量化为具体数值,用具体分值对教育效果进行更加科学的评价,以减少主观性失误。（以下各算法公式满分均为100分）

2. 量化公式

经多方求证、调研和实践,确定总体量化公式为:

---

① 程清雅.高质量发展评价指标体系构建及应用[J].统计与决策,2022(24):28-32.
② 张磊.新时代爱国主义教育法治化研究[J].人民论坛,2022(24):115-117.

育人成效总体分数＝学生综合成绩×40％＋教师总业绩×30％＋学校行政部门综合评分×10％＋校企合作单位综合评分×10％＋专家学者评分×10％。

(1)学生综合成绩从三个方面认定,即第一课堂成绩、第二课堂成绩、实习实训成绩。学生综合成绩＝第一课堂成绩×50％＋第二课堂成绩×30％＋实习实训成绩×20％。第一课堂是指学校人才培养方案设定的所有课程,第二课堂成绩指学生参加第二课堂活动获取第二课堂学分,包括思想成长、实践实习、志愿公益、创新创业、文体活动、工作履历、技能特长等七个模块的分数。实习实训主要根据学生参加校内外专业实习、劳动实践的表现情况给予分数。

(2)教师总业绩从四个方面认定,即课程业绩、学生评价、学术积累、成果转化。教师业绩认定＝课程业绩×50％＋学生评价×10％＋学术积累×20％＋成果转化×20％。课程业绩指对学生及格率、平均分以及总课时量的综合评定;学生评价指学生对于教师授课情况的总体评价,分为课程中期评价与期末评价两部分;学术积累指在学术论文、教材专著、知识产权、课题申报等多方面的总量累计;成果转化指教师将学术成果转化为社会贡献、经济效益、政策建议等的多方面综合权重。

(3)学校行政部门综合评分从四个方面认定,即学生对于学校各个业务处室的综合评分、教师对于学校各个业务处室的综合评分、合作单位对于各个业务处室的综合评分、各业务处室自评综合得分。各主体对校内行政部门的评分标准应按照高校爱国主义教育实施方案中各阶段计划和目标可行性及完成情况进行合理评分。学校行政部门综合评分＝学生综合评分×30％＋教师综合评分×30％＋合作单位综合评分×30％＋自评综合评分×10％。

(4)校企合作单位综合评分从两个方面认定,即校外合作单位对学校的综合评价、校外合作单位对学生的综合评价。校企合作单位主要针对学校为企业提供技术服务、人才支持的力度与学生在企业的综合表现进行评分。校外合作单位综合评分＝校外合作单位对学校的综合评分×50％＋校外合作单位对学生的综合评分×50％。

(5)专家学者评分从两个方面认定,即专家学者对于实施方案的理论必要性评分和实践可行性评分。专家学者评分＝理论必要性评分×50％＋实践可行性评分×50％。

（二）评价效果实现

1. 夯实了爱国主义教育评价的理论基础

从哲学角度看,"认识—实践—再认识—再实践"是马克思主义认识论的全过程,其中所强调的"再认识",显然离不开对前一认识和实践过程的"评价",没有这个"评价",连续的、不断调整的认识和实践过程就会中断,事物就不会进步。爱国主义教育就是这样,没有科学系统的评价体系,爱国主义教育的全过程实际上就没有最终完成,已经开展的教育活动没有经过科学的评价,是否取得实际效果,取得了何种效果,都很难获得科学保证,表明相关工作可能有很大的盲目性和随意性,效果也就很难保证。为了有效解决这一实际问题,高校多年来在开展爱国主义教育的同时,坚持对其工作过程进行随时、随机、严谨的系统评价,取得了令人满意的成效。① 目前,部分高校在先期完成关于爱国主义教育理论体系和实践体系的研究之后,又完成了爱国主义教育评价体系的研究,最终建成了爱国主义教育"三足鼎立"的科学评价体系。

2. 促进了爱国主义教育评价的广泛应用

我国高校按照多年实际研究,不断总结经验教训,坚持运用爱国主义教育评价体系开展爱国主义教育工作过程和效果评价,不走形式,务求实效,取得了显著的工作成果。通过将爱国主义教育评价体系有机融入爱国主义教育工程实施方案、爱国主义教育基地建设和校园文化阵地建设实施办法、实施"第二课堂成绩单"制度的意见、年度先进集体及先进个人评选条件、网络信息反馈等丰富多彩、灵活多样的教育课程和教育活动中,切实促进了爱国主义教育评价体系走进实践,为持久深入开展高校爱国主义教育提供了坚实的保障。

---

① 成勇.新时代高校爱国主义教育的实践路径创新[J].学校党建与思想教育,2022(24):70-72.

3. 完善了爱国主义教育评价的多元结构

高校爱国主义教育评价体系通过评价主体、评价内容、评价方法的多元化，实现爱国主义教育评价的科学化。① 高校努力探索爱国主义教育评价多元化，在评价过程中，首先组织多方面评价主体参与，从学生自身到相关教师，再到相关专家和组织，形成一个多元的评价主体链；其次要求对教育内容进行多角度评价，包括教育主题、教育方式、社会影响、成绩和不足等，形成一个多元的评价内容链；再次要求运用多种方法，从学生自我总结到教师指导总结，从专家鉴定到党政组织评定，形成一个多元的评价方法链。

4. 保证了爱国主义教育评价的实事求是

高校近年来在开展爱国主义教育评价过程中，通过采取多因素综合的评价方式，发挥各因素之间的相互制约、相互促进作用。体现在评价主体上，高校通过对多方评价主体的评价结果进行综合处理，去粗取精、去虚求实、去假存真，最终得出最优评价结果，保证评价的真实性。体现在评价方法上，高校通过采取多元化评价方法对不同评价结果进行科学比较，努力消除采用简单方法或少量方法可能产生的主观臆断性或视域狭隘性，保证评价的真实性。

5. 提高了爱国主义教育评价的公信力

新时代中国特色社会主义建设和实现中华民族伟大复兴中国梦需要加快提高高校爱国主义教育水平，加快提高高校爱国主义教育评价水平就是题中应有之义。高校适应新时代社会发展进步需要，通过采取包括切实发挥专家作用等多方面具体措施，努力提高爱国主义教育评价的公信力，不但使评价者自信，更使被评价者认同，从这一角度推动了爱国主义教育的不断发展和提升。

---

① 李欣轩.唯物史观视域下新时代爱国主义教育的基本内涵与实践路径研究[J].思想政治教育研究,2022,38(5):160-163.

加强研究生思想政治工作的现实路径

房正宏　张坤龙

摘　要:研究生教育处于学历教育的最高层次,研究生的思想政治状况直接影响到高层次创新型人才培养的质量。因此,必须加强研究生思想政治工作,以高质量的思想政治工作引领并保障高质量的研究生人才培养。在高校的思想政治工作体系中,学校党建发挥着思想引领与组织保障作用,思政课程是开展思想政治教育的主要依托,思政课教师、政工人员及研究生导师则是思想政治教育的实施主体。鉴于此,一要坚持以党建引领思想政治工作,落实立德树人根本任务;二要联动建设思政课与专业课,实现思政课程与课程思政的同向同行;三要发挥"三师"的主体作用,协同推动"三进"工作。

关键词:研究生;思想政治工作;质量提升;现实路径

党的二十大报告提出,要"坚持以人民为中心发展教育,加快建设高质量教育体系","加强基础学科、新兴学科、交叉学科建设,加快建设中国特色、世界一流的大学和优势学科"[①],强调了以高质量的学科建设带动高等教育的高质量发展。研究生教育处于我国学历教育体系的最高层次,能否培养出千百万具有历史使命感和社会责任心、富有创新精神和实践能力的应用型、复合型

基金项目:中国学位与研究生教育学会2020年研究课题"研究生思想政治教育理论课和研究生课程思政作用研究"(项目编号:2020MS1002)。

作者简介:房正宏,男,博士,阜阳师范大学马克思主义学院教授,研究方向为中共党史党建;张坤龙,男,2021级硕士研究生,研究方向为思想政治教育。

① 党的二十大文件汇编[M].北京:党建读物出版社,2022:26.

优秀人才,将成为衡量学科建设水平以及我国高等教育能否健康、可持续发展的重要价值尺度,并直接关系到立德树人的工作成效。鉴于研究生思想政治工作对于落实立德树人培养目标的重要作用,2020年9月,教育部、国家发展改革委和财政部印发了《关于加快新时代研究生教育改革发展的意见》,明确要求各高校加强研究生课程思政、完善学校思想政治教育体系,不断提升研究生思想政治教育水平。那么,立足于新时代研究生教育培养的现实,高校需要强化党建引领,加强并改善研究生思想政治工作,保障高质量的研究生人才培养。

一、坚持党建引领,落实立德树人根本任务

在当代中国话语语境中,思想政治工作一般是指党对人民群众进行思想政治教育和管理的专业化实践活动,政治性是其本质特性。作为党的优良传统,长期以来,我们党一直用"生命线"来说明思想政治工作在党和国家事业中的地位与作用。加强学校党的建设,其重要方面和核心内容就是加强思想政治工作,因为它关涉党的政治建设、思想建设等各个方面。换言之,在我国高校,学校党委的主要工作就是加强学校党的建设、加强并改进思想政治工作。可见,坚持党建引领,既是从思想上和组织上保证了立德树人根本任务的有效落实,也为高校加强并改进研究生思想政治工作提供了宏观思路与工作方向。

(一)强化党建的引领功能

我国高校实行党委领导下的校长负责制,学校党委既是领导核心,又承担着思想政治工作的主体责任,领导思想政治工作。高校党委要统筹负责学校党建和思想政治工作,构建组织育人体系,在研究生思想政治工作中突出价值引领,通过教育引导和实践养成,不断提升思想政治工作质量。1987年8月,国家教委、中央宣传部颁发的《关于加强研究生思想政治工作的几点意见》明确指出,研究生思想政治工作是学校思想政治工作的重要组成部分。该意见就学校党委加强对研究生思想政治工作的领导,以及加强研究生党支部建设

提出了具体要求。此后,教育部又颁发了一系列文件、意见,明确要求学校党委要加强研究生党建工作、加强和改进研究生思想政治工作。首先,高校党建和思想政治工作、学科专业建设、科学研究、人才培养等都是学校的重点工作。其中,思想政治工作是党建工作的重要抓手,党建工作起到引领作用,两者都坚持以马克思主义为指导,与学科专业建设及科学研究相互协同、共同服务于人才培养。在马克思主义指导下,我国高校确保了社会主义办学方向,通过加强党建工作为学科专业建设和人才培养等高教事业的发展提供了思想保证、政治保证和组织保证。其次,我国的研究生教育承载着培养各类创新型、应用型和复合型优秀人才的历史重责。在研究生培养的"五育并举"教育体系中,首要是提升研究生思想政治素质。在多元社会思潮并存、国际文化交流频繁的当下,做好研究生思想政治工作、推动研究生思想政治工作高质量发展显得愈发重要与迫切。习近平总书记指出:"思想政治工作是学校各项工作的生命线,各级党委、各级教育主管部门、学校党组织都必须紧紧抓在手上。"①这一重要指示为高校党委贯彻落实党的教育方针、做好学校的思想政治工作提供了根本指导。为此,高校党委应细化学科和学位点建设的目标任务,强化党建的引领功能,通过开展思想政治教育,引导研究生正确认识国际社会的变动态势及当代中国的发展大势,坚定理想信念,确立远大理想追求;并在教育培养实践中采取多种措施鼓励广大研究生刻苦钻研、创新发展,努力成长为德智体美劳全面发展的高层次专门人才。

在我国高校,党委宣传部、学生工作部(学生处)、研究生工作部(研究生处/院)、教务处、团委等是组织思想政治教育的职能部门,党委组织部、学工部、研工部、人事处(教师工作部)是思想政治工作队伍的管理部门,马克思主义学院则是实施思想政治教育的教学单位,学校的其他各部门均应积极参与、密切配合,在学校党委的领导下,协力做好师生的思想政治工作。就研究生的思想政治工作而言,我国高校的基层党组织都设有党委研究生工作部或研究生(学)院党委、研究生党支部,这为做好研究生思想政治工作提

---

① 习近平在全国教育大会上强调坚持中国特色社会主义教育发展道路 培养德智体美劳全面发展的社会主义建设者和接班人[N].人民日报,2018-09-11(01).

供了坚强领导和组织保障。首先,要严格贯彻落实党的教育方针,坚持社会主义办学方向,审定学科建设规划和研究生培养方案,落实立德树人根本任务。其次,要充分发挥研究生党支部的战斗堡垒作用和研究生党员的模范带头作用。研究生党支部要严格落实"三会一课"制度并使其真正发挥作用,通过"三会一课"等强化理想信念教育,通过模范和示范作用引领青年学生共同成长、共同进步。

(二)落实立德树人根本任务

中华民族向来重视德育,立德树人已成为中华民族的优秀文化传统。《左传》有云:"太上有立德,其次有立功,其次有立言,虽久不废,此之谓不朽。"① 把"立德"列为"三不朽"之首,表达出中国古人的人生最高境界就是实现道德理想。《管子》亦曰:"一年之计,莫如树谷;十年之计,莫如树木;终身之计,莫如树人。"② 所谓"树人",就是坚持以人为本的教育理念,通过合适的教育来塑造符合党和国家各项事业需要的各类人才,这也表明我们的先贤智者早已认识到人才培养乃国家、民族发展的长远之计。新中国成立后,党领导文化教育事业取得了辉煌的历史成就,其中一个重要经验,就是不断加强并改进学校的思想政治工作。基于持续不断加强思想政治工作及其取得的重大成就,2012年11月,党的十八大报告中提出"把立德树人作为教育的根本任务"③,向全党全国人民发出重大政治宣示,强调了立德树人在教育中的重要地位和作用。

高校的党建和思想政治工作作为学校党委的主要工作,是学校整体工作的重要组成部分,对学科专业建设、人才培养乃至学校的改革发展都发挥着极其重要的引领作用。习近平总书记曾指出:"高校思想政治工作关系高校培养什么样的人、如何培养人以及为谁培养人这个根本问题。要坚持把立德树人

---

① 左丘明.左传(下)[M].上海:上海古籍出版社,2016.
② 管仲.管子[M].哈尔滨:北方文艺出版社,2013.
③ 中国共产党第十八次全国代表大会文件汇编[M].北京:人民出版社,2012.

作为中心环节,把思想政治工作贯穿教育教学全过程。"①贯彻落实这一重要指示精神,高校党委应当把思想政治工作列为党建的一项重点内容,统筹学校各项工作,使之协调一致地致力于培养出能为中国式现代化添砖加瓦的高素质人才。当前,围绕立德树人根本任务加强研究生党建和思想政治工作的着力点,是用习近平新时代中国特色社会主义思想铸魂育人。铸魂就是加强理想信念教育,育人就是立德树人。围绕立德树人根本任务的有效落实,首先,要通过多种途径加强理想信念教育,补足青年学生的精神之"钙",增强其"四个自信"。其次,要将社会主义核心价值观融汇到研究生培养的各个方面。社会主义核心价值观既是个人的"德",更是国家的"德"、社会的"德"——一种大"德",是立国之基、民族之魂。落实研究生教育培养的育人目标,必然要通过学校教育培养其大"德"、立其民族之魂。再次,要在研究生群体中加强中华优秀传统文化教育。中国传统文化源远流长,中华优秀传统文化博大精深,是中华民族的"根"与"魂",是中华民族精神的标志,更是社会主义核心价值观的思想渊源。因而,无论是赓续中华民族"根"与"魂"的需要,还是培育青年学生民族精神、坚定其文化自信的需要,都必然要在广大研究生中加强中华优秀传统文化教育,涵育人文精神、厚植家国情怀。

二、联动建设思政课与专业课,实现同向同行

1983年7月,中共中央批转了《国营企业职工思想政治工作纲要(试行)》,其中指出,"职工思想政治工作,主要是指职工的思想政治教育,它是党的政治工作的一个重要组成部分,但不是政治工作的全部"②,"企业职工思想政治工作的基本内容,……一是比较系统的爱国主义、集体主义、社会主义、共产主义的思想教育;二是日常的思想政治教育"③。这说明,思想政治教育构成思想政治工作的主要的或基本的内容,是政治意图和政治倾向明显的思想教育。同理,高校的思想政治工作主要就是在师生中开展思想政治教育。一般而言,其

---

① 习近平.习近平谈治国理政·第二卷[M].北京:外文出版社,2017.
② 中共中央文献研究室.十二大以来重要文献选编(上)[M].北京:人民出版社,1986.
③ 中共中央文献研究室.十二大以来重要文献选编(上)[M].北京:人民出版社,1986.

主体是广大学生,而思政课程则是开展思想政治教育的主要依托。毫无疑问,开足开全研究生思政课并实施"课程思政",是当前加强研究生思想政治工作的重要途径之一。

(一)协同联动建设思政课与专业课

笼统而言,大学的课程可分为专业课、公共课、实践(实验)课三大类。其中,思想政治理论课(简称思政课)虽然被概称为公共课,但它是落实立德树人根本任务的关键课程。目前,我国高校研究生的思政课分为硕士研究生和博士研究生两个不同层次。构建两个层次间相互衔接、递次推进、内容更加科学、结构更加合理的思政课课程体系,就能够为坚定研究生的理想信念、落实立德树人根本任务提供课程体系保障。因而,各类高校必须开好开全思政课,充分发挥思政课程的主渠道、主阵地作用。落实到具体的学校教育,还要区分研究生教育与本科教育特点的差异性,注意把研究生思想政治教育的显性教育与隐性教育结合起来,在不同学科的专业课和实践(实验)课中渗透思想政治教育,力争使各类课程教学中的课程与思政教育实现水乳交融。

从德智体美劳全面发展的角度来看,高校的智育主要体现为科学文化知识教育,以各类专业课的形式予以实施;德育就是思想政治和品德教育,在高校中主要体现为思政课的教育教学。从发挥各类课程的德育功能、实现思想政治工作目标的角度来看,应该充分挖掘各类专业课的思政元素、加强课程思政建设,联动建设专业课与思政课,推动实现育人的同向同行。其中,社会科学和人文科学类课程,应坚持以马克思主义为指导,密切联系我国社会主义现代化建设及改革开放的实际,把思想政治教育贯穿相关的教学内容与环节;自然科学类的课程教学,要明确本专业的育人目标,深入学习理解知识体系中所蕴含的思想价值及精神内涵,并结合各专业的特点讲述本专业在我国社会主义建设与改革开放伟大实践中的成就,以及当前要解决的重大理论或实践课题;此外,无论是人文社会科学,还是自然科学类课程,都要把严谨的治学态度和创新精神统一到课程教学中,让各学科各专业方向的研究生努力做到学思结合、知行统一,从而培育其创新精神和实践能力。除了组织常规的课堂教学外,要在教学实践中积极构建"课程—平台—基地"协同的全方位育人模式,围绕育人目标有机渗透思政元素,实现专业课、实践(实验)课的课程思政与思政课程的同向同行。需要特别指出的是,针对研究生教育培养的特点,各研究生培养学校要把学术道德、学术伦理和学术规范等内容和要求渗透到思政课和专业课教学之中,加强学术诚信教育,遏止学术不端行为。这既是协同研究生思政课与专业课联动建设的应有之意,也是新时代加强研究生思想政治教育、提升研究生培养质量的必然要求。

(二)推动实现同向同行的价值目标

从研究生教育培养的角度来看,协同联动建设思政课程与课程思政,旨在坚持以学生为本的前提下,着力培养德智体美劳全面发展的高层次专门人才,使之成长为合格的社会主义建设者和接班人。区别于本专科阶段重在开展理论性教育和学习的特点,研究生阶段重在开展探究性教育和学习,培养研究生的创新精神并提高其研究能力是研究生教育的主要目标。为提高培养质量,达成创新创造的高层次人才培养要求,其必要前提是把正确政治方向和价值导向贯穿研究生教育培养和管理工作的全过程。具体到学校教育,一个重要且切实可行的途径和措施就是联动建设思政课程与(专业)课程思政,以实现两者在价值取向及育人目标上的同向同行。承担研究生课程教学的主讲教师包括研究生导师,在上好思政课的基础上,要致力于推进课程思政建设,注重发挥各类专业课程的德育功能及育人作用,并通过加强课程建设、教学设计,持续推进习近平新时代中国特色社会主义思想进教材、进课堂、进头脑(简称"三进"),在青年学生中倡导并践行社会主义核心价值观,着力推动并努力实现同向同行的价值目标,从而为提升研究生培养质量提供不竭的精神力量与动力支持。

推进各类课程与思政课同向同行,其价值内蕴是立德树人,其实践形态是教学践履。为此,一要实现价值取向上的同向,即"立德"——思政课和各专业课在政治方向上的一致性;二要实现任务目标上的同行,即"树人"——课程体系的协同性、思政课程的主体性。"立德"是为"树人"铸魂,立德树人的落脚点是"树人"。把立德树人落实到研究生教育培养的实践中,必然要求研究生培养的各类课程与思政课同向同行,最终服务于德才兼备、全面发展的高层次专门人才的教育培养。换言之,立德树人所"树"的人,就是在社会主义现代化建设中所需的各种专业人才。另外,强调各类课程体系的协同性、思政课程的主体性,乃是因为"同行"并非一定齐头并进,而是可以前后同行、主辅并行。这也意味着要充分发挥思政课的政治导向及价值引领功能,通过教育教学培养新时代研究生对中国特色社会主义的政治认同、理论认同和情感认同,在青年学生中不断增强"四个自信"。尤其是,思政课程和"课程思政"所涵盖的每一门课程虽然都有各自的教学目标和教学要求,但其本质上都是育人、树人。因而,要充分挖掘各学科专业课程所蕴含的思想政治教育资源,并结合运用党的创新理论开展教育,武装青年学生的头脑、提高青年学生的认识,引导青年学生防范并抵制欧美西方所谓"自由""民主""人权"等价值渗透,坚守意识形态阵地,自觉践行社会主义核心价值观,从而实现"立德"目标。

三、发挥"三师"作用,协同推动"三进"工作

党的思想政治工作历史经验表明,思想政治工作的目标任务是由党建的目标任务规定的,需依据特定历史阶段的目标任务具体落实到思想政治教育的实践中。进入新时代,"全面贯彻党的教育方针,落实立德树人根本任务,培养德智体美劳全面发展的社会主义建设者和接班人"[①],就成为高校思想政治教育的根本目标。以此为导向,发挥研究生"三师"的积极作用以协同推动"三进"工作,乃是新时代加强和改进研究生思想政治工作行之有效的举措与切实可行的路径。

(一)发挥研究生"三师"队伍的德育作用

《中国普通高等学校德育大纲》中明确界定了"德育即思想、政治和品德教育",并规定了高等学校德育的任务,即"用马克思列宁主义、毛泽东思想和邓小平建设有中国特色社会主义理论教育学生坚持社会主义方向,树立科学的世界观和正确的人生观,形成良好的道德品质,把学生培养成为有理想、有道

---

① 党的二十大文件汇编[M].北京:党建读物出版社,2022.

德、有文化、有纪律的一代新人"。可见,我国高校德育的内涵基本上等同于思想政治教育,特别是在研究生教育层面,品德教育已被潜在地融进思想政治教育之中。就高校的德育队伍建设而言,思政课教师、学生专职政工人员和兼做德育工作的学校党政干部——统称政工人员,是两支骨干力量;由于研究生教育的特殊性,还存在一支更加重要的研究生导师队伍——研究生导师既指导师群体,也特指研究生个体的指导教师。在政工人员队伍中,一般包括辅导员或研究生秘书,党委宣传部、(学工部)研工部、团委的相关工作人员,以及研究生所在学院党委、党支部负责人等,他们虽然是以学校教职工或政工人员的身份存在,但都是实施思想政治教育的主体,因而在客观上是以"老师"身份参与研究生的思想政治教育工作的。因此,他们与研究生导师、思政课教师一同组成研究生德育的"三师"队伍,共同承担研究生的思想政治教育。

毋庸置疑,教师是培养高素质高层次专门人才的决定力量,更是推动教育高质量发展的根本条件,因为其学识水平对学科专业建设起到关键的作用,其言行举止对学生产生潜移默化的影响。2014年9月,习近平总书记同北京师范大学师生代表座谈时提出了"四有好老师"标准。2016年12月,他在全国高校思想政治工作会议上提出,高校教师要"努力成为先进思想文化的传播者、党执政的坚定支持者,更好担起学生健康成长指导者和引路人的责任"①。作为思想政治教育的骨干力量,高校教师及政工人员要坚决落实习近平总书记重要讲话精神,既要潜心问道、勇于探索,又要恪守学术规范,切实做到以德立身、以德施教,坚定担负起立德树人的神圣职责,且责无旁贷。对于研究生导师而言,则要争做"四有好老师"的典范。2020年9月,教育部、国家发展改革委、财政部颁发的《关于加快新时代研究生教育改革发展的意见》和国务院学位委员会、教育部发布的《关于进一步严格规范学位与研究生教育质量管理的若干意见》对研究生导师的育人职责及岗位管理进行了明确规定,提出了明确要求,再次明确导师是研究生培养第一责任人的职责定位,强调了导师要切实履行立德树人职责,不仅要做研究生的学业导师,更要做研究生的人生导师,

---

① 习近平在全国高校思想政治工作会议上强调把思想政治工作贯穿教育教学全过程 开创我国高等教育事业发展新局面[N].人民日报,2016-12-09(01).

要积极投身教书育人,教育引导研究生坚定理想信念、增强"四个自信"。因而,"培养社会主义建设者和接班人,迫切需要我们的教师既精通专业知识、做好'经师',又涵养德行、成为'人师',努力做精于'传道授业解惑'的'经师'和'人师'的统一者"①。习近平总书记这一重要指示,为参与研究生教育工作的广大教师落实立德树人、致力于研究生的教育培养指出了明确的努力方向。

(二)协同"三师"力量以推动"三进"工作

适应高等教育高质量发展的必然趋势,加强思想政治工作必定能够为学校各项工作提供发展导向及动力保证。事实上,对广大青年学生系统进行马列主义基本理论和思想品德教育,是我国社会主义大学的本质特征之一。1987年5月,中共中央印发的《关于改进和加强高等学校思想政治工作的决定》中,就曾强调要"加强和改进研究生的思想政治工作"②,因为研究生教育居于我国学历教育的最高层次,研究生的思想政治状况直接影响到高层次创新型人才培养的质量。立足于研究生思想政治工作质量的有效提升,高校的思想政治工作不仅要坚持以马克思主义为指导,在广大研究生中加强理想信念教育和爱国主义教育,更要采取切实可行、行之有效的方法策略,推进习近平新时代中国特色社会主义思想进教材、进课堂、进头脑。那么,高校的"三师"队伍必须密切配合、形成工作合力,协同推动"三进"工作,以提升研究生思想政治工作质量。

无疑,"三进"工作的有效推动必然有赖于受教者即研究生的主体能动性的发挥,这是"三进"工作发挥作用、取得实效的内因;施教者虽然作为外因存在,但它是事物变化的条件,高校的"三师"队伍在推动"三进"工作中的作用不可替代。教学实践表明,教材是为课程教学所用,课程的落脚点在课堂,而课堂的主导是教师;而且,多数学生不会天然地接受新的理论,新的思想也不会自然而然进入其头脑。所以,要协同"三师"队伍的力量推动"三进"工作。其

---

① 习近平在中国人民大学考察时强调坚持党的领导传承红色基因扎根中国大地 走出一条建设中国特色世界一流大学新路[N].人民日报,2022-04-26(01).
② 中共中央文献研究室.十二大以来重要文献选编(下)[M].北京:人民出版社,1988.

一,要推进习近平新时代中国特色社会主义思想"进教材"。我国高校研究生使用的思政课教材包括《中国特色社会主义理论与实践研究》《中国马克思主义与当代》《马克思主义与社会科学方法论》等,都属于马克思主义理论研究和建设工程系列教材,教材的编写均坚持以习近平新时代中国特色社会主义思想为指导。其二,推进习近平新时代中国特色社会主义思想"进课堂"。我国高校严格落实相关的规定和要求,加强了以习近平新时代中国特色社会主义思想为核心内容的思政课课程群建设,使"进课堂"工作既有课程安排,又有教材依托。广义上的课堂还包括学校的各类报告会及学术讲座等,因而,思政课教师及政工人员就要持续强化对中共党史和习近平新时代中国特色社会主义思想的学习理解,提升自身学术能力和学术素养,加强对党的创新理论的理解领悟和宣传诠释。其三,推进习近平新时代中国特色社会主义思想"进头脑"。研究生教育最突出的特征是其教育培养实行导师制。所以,研究生导师要发挥重要作用,应将专业教育、知识传授与研究生思想政治教育有机融合,加强学术指导与学术道德教育,以良好的思想品德和人格魅力做示范、当楷模,以其潜移默化的影响实现润物无声的"入脑、入心"效果。

当前,推动并实现高质量发展已成为国家"十四五"时期的核心发展理念,引领了经济社会的发展目标与趋向。就发展文化教育事业而言,要严格贯彻落实立德树人根本任务,提升教育质量,培养出能在社会主义现代化建设中堪当大任的时代新人。在《高校思想政治工作质量提升工程实施纲要》中,提出了构建"十大"育人体系的基本任务,明确要求"发挥高校党委领导核心作用、院(系)党组织政治核心作用和基层党支部战斗堡垒作用……把思想政治教育贯穿各项工作和活动"①,以提升学校思想政治工作质量和水平,落实立德树人根本任务。为此,高校党委要坚持以党的二十大精神为指导,贯彻党的教育方针,落实中共中央办公厅、教育部党组的工作部署,抓好研究生思想政治工作,围绕立德树人目标,着力培养千千万万拔尖创新型高级专门人才。

---

① 高校思想政治工作质量提升工程实施纲要[DB/OL]. http://www.moe.gov.cn/srcsite/A12/s7060/201712/t20171206_320698.html,2017-12-06.

角色扮演、现实困境与提升路径：
高校辅导员国防教育工作研究

吴建章

摘 要：作为大学生思想政治教育的骨干力量，高校辅导员在大学生国防教育工作中扮演着重要角色，是大学生军事理论课教学的重要师资力量、大学生军事训练工作的组织管理者、大学生应征入伍工作的动员组织者、高校日常国防教育工作的组织实施者。高校辅导员开展大学生国防教育工作，面临着军事素养低，影响国防教育质量；日常工作忙，影响国防教育效果；岗位稳定性差，影响国防教育持续性；保障机制缺，影响国防教育积极性等现实困境。在大学生国防教育工作中，高校辅导员要主动学习、增强教育本领，创新方法、提高教育质量；高校要加强培训、提升军事素养，强化保障、增强教育认同，多措并举提升高校辅导员开展大学生国防教育工作的能力和水平。

关键词：高校辅导员；国防教育；角色定位；现实困境；提升路径

"国无防不立，民无防不安。"国防事关国家和民族的生死存亡。习近平总书记指出，要加强国防教育，增强全民国防观念，使关心国防、热爱国防、建设国防、保卫国防成为全社会的思想共识和自觉行动。[①] 新时代，面对百年未有之

基金项目：中国指挥与控制学会2022年国防教育研究专项课题一般项目"高校辅导员视域下的大学生国防教育研究"（项目编号：GFJY2022ZC012）；2022年山东省学校国防教育工作研究课题"退伍复学大学生朋辈国防教育研究"（项目编号：22LGJ37）。

作者简介：吴建章，临沂大学资源环境学院辅导员，副教授。

① 姜春英.论在新形势下加强高校国防教育的必要性[J].桂林师范高等专科学校学报，2013,27(4):21-26.

大变局,国际形势复杂多变,风险挑战日趋增多,强化国家安全,必须加强全民国防教育。

学校国防教育是全民国防教育的基础,是实施素质教育的重要内容。① 国防教育是高校教学工作和大学生思想政治教育的重要内容,高校辅导员作为大学生思想政治教育的骨干力量,承担着高校国防教育的重要使命,有力推动着高校国防教育工作的深入开展。

一、高校辅导员在大学生国防教育中的角色扮演

高校辅导员是高等学校学生日常思想政治教育和管理工作的组织者、实施者和指导者,国防教育是高校大学生思想政治教育的重要内容。在当前高校国防教育专业化程度较低、师资力量普遍缺乏的情况下,绝大部分高校依托辅导员开展各项国防教育工作,辅导员在大学生国防教育中扮演着十分重要的角色。

1. 大学生军事理论课教学的重要师资力量

《全民国防教育大纲》第二十七条规定,"高等学校应当在核定的教师总编制内,按照国防教育教学任务,配备相应数量的国防教育教师。"②《普通高等学校军事课教学大纲》第五条规定,"军事课教师是完成军事课教学目标的具体执行者和组织者,学校应当按照教学时数和授课学生数量配备相应数量的军事课教师。"③完备的师资队伍是高校开展国防教育和开设军事理论课的前提和保证。近年来,随着高校办学规模的不断扩大和军事理论课成为高等学校学生的必修课程,国防教育师资不足问题日益凸显。

为解决国防教育和军事理论课师资队伍不足问题,各高校或从专业课教师中调配,或从管理干部中选拔军事理论课教师,而从辅导员队伍选聘军事理论课教师是当前大多数高校采取的普遍做法。在东部某高校,军事理论课教

---

① 中华人民共和国国防教育法[M].北京:法律出版社,2018.
② 孙建新.加强普通高校国防教育的几点思考[J].亚太教育,2015(27):197.
③ 魏增阳.普通高校军事课程开展的几点建议[J].环球市场,2019(28):312.

师全部由高校辅导员担任。高校选聘辅导员担任军事理论课教师,有其自然考虑和天然优势,辅导员一般具有硕士或博士学位,政治素养和理论素养都较高,承担形势与政策课、就业指导课等课程教学任务,掌握了一定的教学方法和教学载体,且在求学阶段接受过军事理论课的学习,经过简单的短期培训,基本能胜任军事理论课教学工作。从某种意义上来说,高校辅导员是大学生军事理论课的最主要师资来源。

2. 大学生军事训练工作的组织管理者

"开展学生军事训练工作,是国家人才培养和国防后备力量建设的重要措施,是学校教育和教学的一项重要内容。"①通过开展军事训练,大学生不仅能够掌握必备的军事技能,锻炼自己的意志品质,也能够培养他们的国防观念和安全意识,增强他们保家卫国的责任感和使命感。

高校辅导员全程参与大学生军事训练工作,是工作准备者、组织动员者、事务管理者、组织协调者、心理健康教育者和思想政治教育者。首先,在军事训练前,高校辅导员要统计好大学生军事训练服装的尺码、鞋号等,做好学生关于军事训练的各种咨询服务工作;要通过班会、大会、宣讲会等方式对大学生讲解军事训练的目的和意义、军事训练期间的纪律要求和注意事项,做好军事训练的安全教育,调动学生参与军事训练的积极性;要对学生身体状况进行全面排查,确保身体有基础疾病的同学登记在案,以保证大学生军事训练的安全性。其次,在军事训练中,高校辅导员要及时处置因身体不适出现的各类突发事件,保护大学生的生命安全和身体健康;要对部分出现畏难抵触情绪和逃避等心理的学生及时进行个体疏导,化解其不良情绪,保证军事训练的正常进行;要加强军事训练的日常管理工作,严格管理,严格考勤,严格落实军事训练的各项规定,确保军事训练工作的质量;要加强与军训教官的沟通交流,配合军训教官落实各项军训工作任务;要组织好演讲比赛、拉歌比赛、队列会操、内务卫生评比等各项军事训练文体活动,丰富大学生的军事训练生活。

---

① 李建海,沈志远.军训为什么[N].中国青年报,2012-03-02(09).

3. 大学生应征入伍工作的动员组织者

自 2001 年开始,我国开启了在高校征集大学生入伍的工作,加快了我国国防和军队现代化进程。近年来,随着征兵政策的改革发展和深入推进,高校已成为国家征兵工作的主战场,大学生成为国家征兵的主要对象和部队兵员的主要来源,动员大学生应征入伍已成为高校的常规工作之一。高校辅导员作为高等学校学生日常思想政治教育和管理工作的组织者、实施者和指导者,最了解大学生的现实状况和思想动态,也熟知大学生应征入伍相关政策,业已成为大学生应征入伍工作的动员组织者,推动着大学生应征入伍工作的开展。

高校辅导员在大学生征兵动员中发挥着基础性作用。第一,在动员方式上,高校辅导员会通过线上动员与线下动员相结合的方式进行征兵动员,包括班会、团课、报告会等传统动员形式和微信、微博、QQ、抖音、快手等现代传播平台,对大学生宣传应征入伍的价值、意义、优惠政策等,强化大学生的国防意识和国防观念,激发大学生应征入伍的热情。第二,高校辅导员在集中动员基础上,针对性地动员有参军意向的大学生,详细登记个人基本信息,开展重点精准对接,进行持续跟踪服务,使每一名有参军意向的大学生都能实现应征入伍的目的。第三,高校辅导员会注重在日常的新生军训、军事理论课教学、国防教育等活动中渗透应征入伍工作,潜移默化地影响大学生应征入伍的积极性。第四,高校辅导员会重视发挥退役复学大学生的朋辈示范作用,引导退役复学大学生结合自身事例讲述成长故事,影响带动身边同学,引导大学生积极应征入伍。

4. 高校日常国防教育工作的组织实施者

军事理论课教学、军事训练工作和应征入伍工作是高校国防教育的三大工作内容,也是高校辅导员开展国防教育的重点内容。高校国防教育工作是一项系统工程,不仅要重视重点工作的开展,也要重视日常工作的运行。在日常工作中,高校要在大学生思想政治教育中开展各类主题鲜明、内容丰富、形式多样的国防教育活动,以常规的教育和日常的教育共同影响大学生的思想行为,增强大学生国防教育的感染力。

高校日常国防教育工作一般由辅导员组织实施。一是各类国防教育活动,如国家安全教育日、国防教育日、国防教育进校园、国防教育专题报告会等活动,一般都是高校辅导员通过主题班会、大会、参观等形式动员,并负责具体组织实施;二是在国防教育征文、国防教育演讲比赛、国防教育军事技能大赛等活动中,由于辅导员对学生的个性特征和优点比较熟知,参赛学生一般都是由高校辅导员推荐和指导等;三是在一些诸如迷彩俱乐部、退伍军人社团等具有国防色彩的学生社团里,高校辅导员一般充当指导教师,指导社团开展各种活动。

二、高校辅导员开展大学生国防教育的现实困境

高校辅导员作为大学生国防教育工作的重要组织者、实施者和参与者,扮演着十分重要的角色,但在现实层面,高校辅导员从事大学生国防教育工作面临诸多困难。

1. 专业素养之痛:军事素养较低,影响国防教育质量

国防教育学是一门侧重军事科学的学科,虽然到现在尚未单独列为一门学科,但国防教育在国民教育中的地位显而易见,特别是《中华人民共和国国防教育法》颁布后,国防教育的重要性日益凸显。任何一门学科,都自成体系,都有专业学科知识做依托,国防教育同样如此。开展国防教育,需要具备一定的军事理论、军事历史、军事法规、军事技术等相关国防知识和技能,专业性较强,只有具备良好的军事素养,才能够为大学生提供优质的国防教育内容。

高校辅导员作为大学生思想政治教育的骨干力量,政治素质高,都是共产党员,一般具有硕士学位,部分具有博士学位,知识储备较为丰富,能够胜任高校多岗位要求。但高校辅导员专业背景复杂多样,掌握的知识体系绝大部分与国防教育内容无关联,也较少进行军事方面的专门系统培训,国防知识储备不足,缺乏应有的军事素质,仅能够勉强满足国防教育需要,基本上是在低层次上徘徊,无法为大学生提供优质的国防教育内容。

2. 职责泛化之窘：日常工作较忙，影响国防教育效果

高校辅导员在高校思想政治工作中扮演着极其重要的角色，他们往往身兼数职，是学生教育管理者、教学工作者、财务管理者、网站管理者、学院宣传员、学生党建员等等，抑或肩负部分办公室任务，职责泛化十分严重，负责处理诸多事项，辅导员成为一个信息处理枢纽、中转站，需要与学校所有部门对接，既要全面掌握学生的思想动态信息，又要高效地收集、处理、传达来自各个职能部门的信息，成为名副其实的"万金油"角色。

工作职责的泛化，造成高校辅导员事务性工作异常繁忙，不仅严重影响大学生思想政治教育工作，也影响着国防教育的开展和实施效果。碍于精力有限、时间有限、专业有限等因素，高校辅导员承担军事理论课教学任务，无法全身心地投入军事理论课教学科研工作中，在授课学时、上课时间、教学方式、教学质量上都存在较大的不确定性，教学效果自然大打折扣。当然，个别高校对军事理论课和国防教育重视程度不够，也在一定程度上弱化了高校辅导员的国防教育工作，仅保证了基本的高校国防教育工作的正常开展。

3. 职业认同之倦：岗位稳定性较差，影响国防教育持续性

稳定的国防教育师资队伍和管理机构，是保证国防教育质量的前提和基础。在国防教育师资队伍上，各高校普遍面临师资队伍严重不足问题，国防教育师资或从专业课教师队伍中调配，或从管理干部中选拔；作为国防教育重要依托的军事理论课教研室，各高校或放置在武装部，或在学工部，或在保卫处，或在体育部，独立成单位的军事理论课教研室少之又少。当前，各高校无论是国防教育师资队伍，还是国防教育组织机构，都具有不确定性和不稳定性，国防教育师资队伍没有独立设置、能够单独评聘职务和职称的机制，归属感较差，国防教育组织机构往往会随着高校领导层的决策随意变动，稳定性较差。

随着国家对高校思想政治教育工作的日益重视，高校辅导员队伍得到了较大发展。高校辅导员的主责主业是大学生思想政治教育，重要职能是思想政治教育和价值引领。但当前高校辅导员工作职责的泛化，导致高校辅导员每天都要处理大量的烦琐的事务性工作,工作时间长,工作强度大,工作压力大,职业倦怠感强,职业归属感弱,职业发展通道不畅,严重影响着高校辅导员工作的积极性和主动性,导致高校辅导员岗位流动性较大,高校辅导员业已成为高校岗位流动性最大的群体,他们或转岗至教师岗位,或转至办公室岗位,不仅影响着大学生思想政治教育的正常开展,也影响着高校国防教育的持续开展。

4. 发展机制之困：政策机制缺乏,影响国防教育积极性

完善的保障机制是做好国防教育的重要前提。当前,高校国防教育不仅面临着经费紧张的困境,也面临着体制机制等方面的问题,更面临着教师成长发展等保障机制的困境,严重制约着高校国防教育的发展。具体到国防教育教师成长发展上,国防教育教师在职务、职称上没有完善的评聘体系,职称评定中由于没有专门序列和学科依靠,只能挂靠到别的学科里竞聘,职务晋升上也处于边缘化,国防教育教师在高校中发展较难。

高校辅导员的主责主业是大学生思想政治教育,从事国防教育在某种意义上是他们的职责之一,如大学生军事训练的组织管理、大学生应征入伍的动员组织等。但在某些高校,辅导员从事国防教育工作,却无法得到相应的待遇,如承担军事理论课教学工作,在绩效拨付中,无法享受其他专业课教师的教学课时量待遇,因为辅导员属于管理队伍,绩效不会因承担教学工作而再次拨付,影响着高校辅导员从事国防教育工作的积极主动性。

三、提升高校辅导员国防教育工作质量的路径选择

普通高等学校关系着培养什么样的人、如何培养人以及为谁培养人的根本问题。高校辅导员承担着高校国防教育工作的重要任务,需要多措并举提高辅导员开展大学生国防教育的质量和水平。

1. 能力培养：主动学习,增强教育本领

《普通高等学校军事课教学大纲》规定军事课教师必须在政治上从严要求,努力提高自身思想素质、军事素质和业务能力,积极参加教学改革和学术

研究,不断提高教学质量,开创军事课教学科研工作新局面。①《全民国防教育大纲》规定,国防教育教员应当具有较高的思想政治素质、系统的国防知识和必要的军事技能、较强的组织和任教能力。②《高等学校辅导员职业能力标准(暂行)》指出,辅导员应具备基本的军事训练与国防教育的基础知识,要坚持终身学习,努力提高职业素养和职业能力。③ 各方面文件均对从事国防教育工作的师资提出了较高要求,高校辅导员从事大学生国防教育工作,必须主动学习,勤于学习,努力增强教育本领。

传道者自己要首先明道信道。高校辅导员要以习近平强军思想为根本遵循,围绕立德树人根本任务和强军目标根本要求,深入学习习近平强军思想,学习《中华人民共和国国防法》《中华人民共和国兵役法》《中华人民共和国国防教育法》《中华人民共和国国家安全法》《普通高等学校军事课教学大纲》《普通高等学校军事课建设标准》《全民国防教育大纲》《学生军事训练工作规定》等国家法律法规,系统了解国防和军事知识,注重国防知识积累,完善军事专业知识结构,掌握军事理论和技能方法,提高军事理论课教学水平,全面提高个人综合军事素质,以更好地胜任大学生国防教育工作。

2. 方法创新:平台打造,提高教育质量

高校国防教育经过多年发展,已取得了显著成效,为全民国防教育的发展和强国强军目标的实现做出了突出贡献。面对新时代强国强军的目标要求,高校辅导员作为国防教育的骨干力量,要改变以往教育中的短板弱项,充实教学内容,创新方法手段,强化育人载体,打造育人特色,增强工作的积极主动性,提升国防教育在大学生群体中的针对性、吸引力和实效性。

第一,高校辅导员要坚守好课堂教学这一主渠道和主阵地,守正创新开好

---

① 教育部 中央军委国防动员部关于印发《普通高等学校军事课教学大纲》的通知[EB/OL]. http://www.moe.gov.cn/srcsite/A17/moe_1061/s3289/201902/t20190201_368799.html. 2019-02-01.
② 赵亮. 新形势下普通高校国防教育教师队伍建设研究[D]. 南京:东南大学,2011.
③ 严佩升. 地方高校辅导员职业能力提升途径研究[J]. 太原城市职业技术学院学报,2017(3):47-49.

军事理论课,让国防教育课堂鲜活起来,把国防教育课程建设好。第二,高校辅导员要注重活动牵引,利用全民国防教育日、国家安全教育日和其他重大节日、纪念日等有利时机,有组织、有计划地开展国防知识竞赛、国防教育演讲大赛、国防教育征文、定向越野比赛、国防影视作品欣赏等大学生喜闻乐见的国防教育活动,吸引大学生积极参与。第三,高校辅导员要注重大学生的体验参与,通过组织大学生走访革命老区、参观战争遗址、军营开放日走访调研、暑期社会实践等各类活动,引导大学生在体验和参与中增长国防知识和国防技能,在实践中成才成长。第四,高校辅导员要注重典型示范,要在培养典型、宣传典型上下功夫,重视退役复学大学生的示范引领作用,协助高校开展国防教育、兵员征集、学生军训等工作,形成辐射带动效应。第五,高校辅导员要注重教育宣传,在重视常规宣传载体基础上,充分运用主题班会、团会、大会以及QQ、微信、微博、抖音等网络新媒体平台广泛宣传动员,做好教育引导工作,营造国防教育浓厚氛围。第六,高校辅导员要用好红色资源,充分利用高校所在地的厚重的、丰富的红色资源开展国防教育,赓续红色基因,厚植爱国情怀。

3. 培训强化:体系构建,提升军事素养

在当前无法从根本上解决国防教育师资困境的前提下,加强对现有国防教育师资——高校辅导员的培训是提升高校国防教育质量的关键。《普通高等学校军事课教学大纲》规定,各级教育行政部门、军事部门和普通高等学校应当有计划地安排军事课教师接受继续教育和培训,不断改善知识结构,提高教育教学水平以及学历、学位层次,适应现代高等教育和军事课教学科研需要。① 高校要将国防教育师资纳入教师整体培训体系,要制定国防教育师资培训规划,明确国防教育师资培训目标,落实国防教育师资培训措施,拓展国防教育师资培训渠道,夯实国防教育教师教育能力,提升国防教育教师军事素养。

---

① 教育部 中央军委国防动员部关于印发《普通高等学校军事课教学大纲》的通知[EB/OL]. http://www.moe.gov.cn/srcsite/A17/moe_1061/s3289/201902/t20190201_368799.html. 2019-02-01.

高校要构建辅导员分层次、多形式的国防教育师资培训体系。在实施主体上,教育主管部门、高校要发挥培训主导作用,国防军事院校和军事单位要承担重要培训职责,国防教育学术团体、培训机构要作为有益补充,共同推动高校辅导员的培训;在培训形式上,或采取由教育主管部门或军事院校主导的集中培训、长期培训,或利用假期或教学之余进行短期培训、在职培训,或进行学术研讨、教学示范观摩、专家报告辅导等专题培训;在培训节点上,可对新上岗的高校辅导员进行国防法规、军事科学、军事理论等专业知识的岗前培训,也要对在岗辅导员有计划、有步骤地通过脱产进修、学习访问等方式进行专业知识储备和更新。高校要通过各种形式、方式的培训,切实提高高校辅导员的军事素养,努力提升高校辅导员国防教育能力和水平。

4. 制度建设:强化保障,增强教育认同

加强制度建设,构建组织有力、体系完备的大学生国防教育常态长效机制,强化高校辅导员从事大学生国防教育的保障措施,能够增强高校辅导员对大学生国防教育的认同,调动高校辅导员从事大学生国防教育的积极主动性。

首先,高校要加强辅导员队伍建设,整体规划、统筹安排,保证辅导员工作有条件、干事有平台、待遇有保障、发展有空间[①],提升高校辅导员队伍的幸福感和获得感。其次,要改善高校辅导员在大学生国防教育中的待遇,进行政策的适度倾斜,一是解决高校辅导员作为军事理论课教师的职称评定问题,把高校辅导员的职称评定纳入学校师资队伍建设整体规划,设立国防教育专业职称序列,单列指标,单列计划;二是建立有效的高校辅导员从事大学生国防教育薪酬激励机制,改革分配办法,调动高校辅导员的积极主动性,增强高校辅导员的幸福满足感。最后,要搭建高校辅导员在大学生国防教育中的成长发展平台,各级各类机构和学术团体要举办组织全国性的培训、军事课教学技能

---

① 中华人民共和国教育部.普通高等学校辅导员队伍建设规定[EB/OL]. http://www.moe.gov.cn/srcsite/A02/s5911/moe_621/201709/t20170929_315781.html. 2017-09-29.

大赛、国防教育科研论文评选、国防教育学术年会等活动,促进国防教育教师之间的相互交流,设立国防教育科研课题项目,促进国防教育的深化研究。

总之,高校辅导员在大学生国防教育中扮演着十分重要的角色,发挥着极其重要的作用,高校要切实加强高校辅导员在大学生国防教育中的作用发挥,多措并举提升高校辅导员从事大学生国防教育的能力、质量和水平。

以"三共"为抓手铸牢新疆高校大学生中华民族共同体意识

张 丽 戚甫娟

摘 要:铸牢中华民族共同体意识是党的民族工作的"纲",在多民族共居、多宗教共存、多文化共融的新疆显得尤为重要。现阶段全疆高校以共学、共居、共乐("三共")为途径,全面落实铸牢中华民族共同体意识工作成效显著,积累了丰富经验。本文在对成效经验进行阐释以及对存在的问题进行梳理分析的基础上,就进一步铸牢新疆高校大学生中华民族共同体意识提出了可行性的对策建议。

关键词:"三共";新疆高校大学生;铸牢中华民族共同体意识

一、提出问题

"三共"即共学、共居、共乐。2020年9月,习近平总书记在第三次中央新疆工作座谈会上指出,"要以铸牢中华民族共同体意识为主线,不断巩固各民族大团结"[①]。以"三共"为抓手,铸牢中华民族共同体意识意义特殊且非常必要。2015年起,按照《新疆维吾尔自治区关于进一步深化自治区本科高等学校少数民族教育教学改革的若干意见》和《关于加强大中专院校学生民汉合宿工

作者简介:张丽,女,喀什大学马克思主义学院讲师,从事思想政治教育研究;戚甫娟,女,喀什大学教授。

① 习近平在第三次中央新疆工作座谈会上强调:坚持依法治疆团结稳疆文化润疆富民兴疆长期建疆 努力建设新时代中国特色社会主义新疆[N].人民日报,2020-09-27(1).

作的通知》精神,新疆各高校积极落实了民汉学生合班授课、民汉学生混合住宿的目标。正如中国共产党二十大代表,时任喀什大学党委副书记、副校长祖力亚提·司马义在"党代表通道"采访发言中所讲:在一个宿舍可以有多个民族的学生共学、共居、共乐,这是当前新疆高校各民族学生日常生活的常态写照。

二、经验分析及需要克服的难题

以"三共"为抓手铸牢新疆高校大学生中华民族共同体意识是基于马克思交往理论以交往实践促进中华民族共同体意识的形成和强化作用,是以马克思主义唯物史观和交往理论为基础而形成铸牢中华民族共同体意识的实践路径的重要体现。马克思主义唯物史观强调社会存在对社会意识的决定作用,同时承认社会意识的相对独立性和对社会存在的反作用[①],为我们通过强化接触、交往、交流、交融实践而达到铸牢中华民族共同体意识之目的的方法论原则提供了理论支撑。由此,新疆高校开启了以"三共"为抓手,进一步铸牢中华民族共同体意识的实践探索,并取得了显著成效,积累了丰富的经验。

1. 以"共学"为载体促进了文化认同

"共学"是指各民族学生之间互相学习历史文化、了解风俗习惯,达到求同存异、取长补短的目的。"共学"为各民族学生学习中华民族优秀文化搭建了平台,通过"共学"使各民族学生在开阔视野的同时,增长了国学底蕴,对祖国历史和新疆地方历史的掌握越来越全面、科学、完善,同时对中华优秀传统文化有了更多的接触和认识,增强了各民族学生对伟大祖国、中华民族、中华文化的认同感和归属感,增强了他们作为中国人的骨气和底气;"共学"拉近了各民族学生之间的距离,建构了统一的话语体系,减少了不同民族由于文化差别带来的隔阂,加强了中华民族对各民族学生的向心力和凝聚力。

---

① 马克思,恩格斯.马克思恩格斯文集:第二卷[M].北京:人民出版社,2009.

2. 以"共居"为纽带加强了情感联系

所谓"共居",不仅仅指空间上的混合居住,这里更多的是指各民族学生通过一起住宿,共同分享生活中的喜怒哀乐,形成精神上的包容、情感上的交融的最终目标。各民族学生共同居住条件下,给普通话水平不高、渴望学习普通话的学生提供了语言环境,在宿舍这个相对封闭的环境内通过日积月累的日常口语交流提高了少数民族学生的普通话表达能力,增进了各民族学生之间的友谊与感情,增强了学生之间的了解与沟通。随着沟通的深入,各民族学生接触了彼此不同的圈层,走出了思维定式,开拓了眼界,拉近了距离,加深了感情,形成了良性互动。各民族学生在互帮互助中结成深厚的友谊,并以潜移默化的方式,在交流、交往、交融的过程中建立情感纽带。①

3. 以"共乐"为契机强化了民族团结

所谓"共乐",是指通过"共乐"提高各民族学生的参与度、获得感、幸福感,让全体学生都享有发展自我、实现自我、人生出彩、梦想成真的机会。各民族学生在娱乐活动和情感表达形式上存在差异,但并不影响校园内各民族学生以不同形式为载体,领略不同民族的文化之美,达到文化共乐。各民族学生通过加入学生会、学生社团、团组织、党组织,参与校园文化建设、社会服务建设和各种志愿者服务,既保障了各民族学生应当享有的权益,也充分调动了各民族学生的积极性、主动性、创造性,让各民族学生都能够收获快乐,获得成就,达到发展共乐,在文化、理念、认识、情感等方面达到更高层次的融合。②

实事求是地说,新疆高校在全面推进共学、共居、共乐的进程中,虽然在强化中华民族共同体意识方面取得了很大成效,但是,在具体实施过程中还存在"大水漫灌"现象。突出问题就是未根据不同生源地学生的实际情况分阶段、

---

① 林均昌,张宏溧,赵民.情感认同视角下铸牢中华民族共同体意识路径探析[J].黑龙江民族丛刊,2021(2):1-7.
② 岳永杰,刘兆芙.多元文化背景下加强对民族院校大学生中华文化认同教育的思考[J].民族教育研究,2017,28(6):70-75.

有侧重地进行集中精准施策。这大大影响了铸牢新疆高校大学生中华民族共同体意识培养的实效性。需要解决的难题主要有：

1. 需要解决"共学"过程中存在的学习成绩参差不齐的难题

党的十八大以来，新疆各项基础设施建设得到前所未有的发展，但与全国其他地区相比还存在较大差距。学生生源地基础教育阶段的较大差距，导致各民族学生学业成绩两极分化的趋势愈加明显。特别是"民考民"学生，即使在升入专业班级前进行了为期一年的汉语强化学习，但汉语"听、说、读、写"方面的能力和汉族学生、"双语班"学生、"民考汉"学生相比仍有较大的差距。特别是对专业课程中涉及的专业词汇、抽象概念几乎无法理解，导致很多知识无法掌握吸收，这使得少数民族学困生数量明显增加。部分少数民族大学生即使付出了很大的努力，学习成绩依然在班级排名靠后，在与同班同学横向比较的落差感中产生自卑心理，对学业产生倦怠甚至放弃学业。这不仅不利于少数民族大学生学业成绩的提高，还会对其身心健康甚至对铸牢中华民族共同体意识产生不良影响。

2. 需要解决"共居"过程中生活习惯、表达方式造成隔阂的问题

由于从小受到的家庭教育和社会影响，少数民族学生性格直爽、热情好客，喜欢用唱歌、跳舞、弹奏乐器等方式表达自己奔放的感情，在重要节庆活动、生日等时间节点比较注重仪式感。汉族学生相对比较喜欢安静，大多数不擅长歌舞等类型的娱乐活动，表达感情的方式也比较含蓄，相处过程中容易让少数民族学生感觉不够热情、态度冷漠，从而产生误会；在宿舍内，部分少数民族学生习惯使用本民族语言沟通、部分汉族学生喜欢使用方言交谈，由于彼此听不懂对方的语言，容易引起戒备心理，导致产生心理上的隔阂和距离。以上问题如果在交往过程中不能进行及时、有效的沟通，就会影响各民族同学之间的感情，不利于民族团结，还可能把宿舍同学之间的矛盾上升为民族之间的问题，如果再有敌对势力煽动蛊惑，极易给铸牢中华民族共同体意识教育工作带来阻碍。①

---

① 徐俊六.铸牢中华民族共同体意识与边疆民族地区社会治理关系研究[J].宁夏社会科学，2018(6)：188-194.

3. 需要解决"共乐"过程浅层化、形式化的难题

语言是人类的交往媒介,更是沟通的桥梁。相对封闭、单一的语言环境,形成了相对强烈的本民族认同感。新疆学生有着强烈的乡土情结、家庭观念,在面对就业、婚姻等选择时很重要的一个意愿是能够回到家乡,回到父母身边,不愿意离开长期生活的环境。这从长远来看,不利于各民族之间的互相融合和中华民族共同体意识的培养。网络和智能手机的广泛使用打破了交流的地域限制,很多大学生交友的范围不仅仅局限于同班或者同宿舍同学,他们会不自觉地选择与语言相通、家庭条件相似、价值观念相同的学生进行交往,导致本民族学生之间交友的概率大大高于与其他民族学生交友的概率。与其他民族学生的交往仅处于浅表层次,很难达到深入了解、交友交心的程度,只是完成了形式上的"共学、共居、共乐",并未实现思想上、心理上的"共学、共居、共乐"。

三、对策建议

通过以上经验分析以及对需要解决的难题的梳理分析,就进一步铸牢新疆高校大学生中华民族共同体意识提出如下可行的对策建议。

(一)以"共学"为基础强化爱国主义通识教育,建立多学科"合作学习"的课堂模式

1.以爱国主义教育为抓手,深化铸牢中华民族共同体意识教育

新时期新疆高校在铸牢中华民族共同体意识教育过程中,重点要结合党的二十大会议精神,立足新疆实际,结合《中国近现代史纲要》《简明新疆地方史教程》和《新疆的若干历史问题》白皮书教学,以"四史"教育为抓手,深入开展"新疆四史"教育。帮助学生真正了解新疆的民族、宗教、历史以及演变发展进步的历史进程,让学生发自内心地认同新疆是中华民族共同体的有机组成部分。以历史的角度,客观、科学地回答新疆的历史、民族、宗教、文化等若干问题,最大限度地挤压"暴力恐怖势力、民族分裂势力、宗教

极端势力"的传播空间,帮助学生正确认识新疆历史、还原历史真相、澄清错误认知、树立正确观念、提高辨别能力,扫清铸牢中华民族共同体意识教育过程中的阻碍。

2. 打造多学科"合作学习"的课堂模式,促进共同学习共同进步

作为传统课堂教学的补充形式,"合作学习"即根据学生的族别、性别、学业水平、个人能力等,按照"组间同质、组内异质"的原则,将全班学生平均分成几个小组,小组同学的成绩按照本组同学的平均分核算的教学模式。此模式能规避传统教学中学生"单打独斗"的特点,可以促使组内学生互帮互助,汉族学生带动少数民族学生,合作解决老师提出的课堂问题。为了避免"合作学习"变成优等生的专场发言,教师可以安排组内学生依次发言或者采用教师课堂随机选取的方式,充分调动班级中各民族学生学习的积极性、主动性、创造性,并利用学生之间的互帮互助在提高学业成绩的同时加强各民族学生之间的交流合作,让每一个学生都参与学习,培养合作精神,达到人人进步、共同进步的目的。

(二)以"共居"为载体,营造物理空间与社会空间的双嵌入式情境

1. 优化"合宿"安排,发挥"共居"最大物理空间效益

安排各民族学生"合宿"的过程中需要综合考虑学生的年级、生源地、学业成绩、语言情况等,以此弱化学生的地域属性,淡化民族身份。建议从高年级学生中挑选政治立场坚定、学习成绩优异、工作能力突出的学生干部,建立以班级为单位或者以宿舍为单位的引导帮扶机制。"学长""学姐"以过来人的身份协助新生尽快熟悉校园环境、规章制度、学科体系、课程设置,以及传授如何规划大学生活、如何和老师相处、如何和同学相处等方面的知识,帮助他们尽早进入角色,合理地规划人生目标、学习计划,起到"导学""导管""导助"的作用。同时,"共居"方便作为同龄人的"学长""学姐"及时发现各民族学生在相处过程中出现的不当言行,利用朋辈之间的亲和力进行沟通、疏导,把小问题

及时遏制在萌芽状态；掌握宿舍内学生的所思所想、学生关注的热点话题以及学生关注的舆情导向，及时高效地向班主任、辅导员反馈，有利于学院、学校层面抓牢学生意识形态领域的主动权，直面各种不利于铸牢中华民族共同体的言论和行为，用科学的理论正面回击问题，加强正向引导，占领舆论阵地，化解学生思想中影响铸牢中华民族共同体意识的毒瘤，进一步促进铸牢中华民族共同体意识向纵深发展。①

2. 强化国家通用语言文字学习应用，畅通"共居"空间

在"共居"环境中，促进各民族学生之间自由交往、精神认同、双向融入的前提就是扩大和强化国家通用语言文字的使用场域。立足新时代做好国家通用语言文字的提质增效工作，既是增强中华民族文化认同的起点和基础，又是铸牢中华民族共同体意识、构建各民族情感纽带的重要举措。首先，要让各民族学生认识到国家通用语言文字和少数民族语言文字不是对立的，公民享有使用本民族语言的自由，同时需履行在公共场合使用国家通用语言文字的义务；其次，强化学生在教室、餐厅、宿舍等公共场合规范使用国家通用语言文字的意识，搭建国家通用语言文字使用的场域；再次，用身边的实例引导青年，让他们认识到熟练掌握国家通用语言文字在生活、学习、就业、实现个人价值方面具有绝对的优势；最后，针对部分语言基础薄弱，且有提升意愿的学生，开设国家通用语言文字提升课程，进行针对性的补习、强化。

（三）以"共乐"为纽带，搭建各民族学生"共乐"平台，实现共同发展

1. 围绕中华民族共同体意识培育开展形式多样的"共乐"活动

各民族都是中华民族大家庭的重要组成部分，都有着各自独特的文化习

---

① 陈立鹏,张钰.关于深入推进中华民族共同体教育的几点思考[J].贵州民族研究,2020,41(6):143-149.

俗、传统节日。高校在围绕铸牢中华民族共同体意识开展活动的同时,可以将汉族传统节日和少数民族节庆作为重要载体,秉承"一个民族过节,多个民族参与"的理念,在浓厚的"共乐"节庆氛围中,达到少数民族学习汉族文化习俗、汉族也要学习少数民族文化习俗的效果,加深师生对"三个离不开"的理解和认同。① 以学院为单位,以学生喜欢的方式定期举行各民族习俗、礼仪、服饰展示活动,比如歌舞晚会、服饰走秀等,加强民汉学生之间进一步的了解,促进民汉学生之间互相尊重;举行"民族团结故事我来讲"活动,在锻炼学生语言表达、现场表现等能力的同时进一步加强民族团结教育,铸牢中华民族共同体意识;举行丰富多彩的体育活动,特别是少数民族学生参与度非常高的篮球比赛、足球比赛等竞技类活动。活动的开展可以让民汉学生在锻炼身体的同时加强交流合作,增强各民族学生之间的凝聚力。②

2.通过"共乐"实现各民族学生共同发展,助力铸牢中华民族共同体意识

"共乐"不仅是通过丰富多彩的活动增进各民族之间的团结友谊,最重要的是让各民族学生都能平等享受发展机会,实现每个人的全面发展。新时代新疆高校要筑牢中华民族共同体意识,就要秉持"大思政""大资助"的工作理念,不断增强资助育人体系的价值承载功能。新疆高校要充分掌握并运用好国家对新疆的一系列特殊政策,将做好新时代民族工作与做优做精高校资助育人体系互融互嵌,尤其是对南疆四地州少数民族学生的全方位精准救助,确保少数民族学生思想上不滑坡、经济上不掉队、学业上不倒退,进而强化"五个认同"。首先要进一步完善针对少数民族学生的资助育人体系,为少数民族学生成长成才提供制度保障。各学院班主任、辅导员要多渠道了解学生家庭情况,从源头把控名额、资金、岗位的分配。其次要发展形式多样的少数民族学生资助育人形式,为少数民族学生成长成才提供物质保障。再次要坚持贯彻国家资助制度,不仅仅采用单一的资金资助形式,还要创造更多的形式多样的

---

① 江波,程港,杨美婷.铸牢中华民族共同体意识的高校二级学院实践研究——基于"共居、共学、共事、共乐"理论[J].民族高等教育研究,2022,10(1):1-7+93.
② 商爱玲.铸牢大学生的中华民族共同体意识[J].西南政法大学学报,2018,20(1):3-8.

勤工助学岗位，如设立辅导员助理岗位、图书管理员岗位等。最后要坚持经济支持与精神哺育"两手抓"，为少数民族学生成长成才提供精神引导。要做好资助工作感恩教育和心理健康教育，一方面要激发少数民族贫困学生以实际行动感恩祖国、感恩社会，理性消费、适度消费；另一方面要保护少数民族贫困学生的自信心和自尊心，倡导"幸福是奋斗出来的"理念，强调各民族之间是"平等团结互助和谐"的关系，强化中华民族共同体意识，引导各民族学生共同奋斗、共同进步、共同发展。

网络流行语在大学生思政教育中的运用研究
——基于扎根理论的分析

王 媛

摘 要：随着移动互联网技术的发展和应用，网络流行语被大学生群体在日常生活中广泛使用，在这一背景下，网络流行语在大学生思政教育中的运用研究成为一个值得关注的议题。本研究对30名在校大学生进行深度访谈，依据扎根理论的研究方法进行三级编码，分析归纳网络流行语运用于大学生思政教育的可行性、影响以及优化对策。研究发现，可行性是将网络流行语运用于大学生思政教育的前提条件，影响属于运用过程中的重要反馈，优化对策则是在大学生思政教育中运用网络流行语所寻求的目标结果。在将网络流行语运用于大学生思政教育的过程中，需要积极引导学生、优化教育方式、营造良好氛围，提升大学生思政教育实效性。

关键词：网络流行语；思政教育；扎根理论

一、问题的提出

后 Web2.0 时代，网络信息技术和移动互联网平台的不断进步推动着新时代网络语言交流方式的迅速发展与变革。网络流行语，是指网民通过谐音、象形、转义、拼音缩写、英文简写等方式，为传统语言赋予新的含义，继而形成的风格各异的言语表达单位[①]。网络流行语产生或传播于互联网，在一定时间、范围内为网民所熟知，并在网络这一特殊互动场域中经常被使用。网络流

作者简介：王媛，女，云南大学法学院专职辅导员、助教。
① 王仕勇.网络流行语概念及特征辨析[J].探索,2014(4):186-192.

行语作为改变传统交流方式的新型话语符号,在以大学生为代表的青年群体中广为传播。习近平总书记在学校思想政治理论课教师座谈会上提出:"青少年阶段是人生的'拔节孕穗期',这一时期心智逐渐健全,思维进入最活跃状态,最需要精心引导和栽培。"①网络流行语折射出新时代大学生的话语特点和心理状况,对其价值观念的塑造和思维方式的形成产生影响,是大学生思政教育进程中不可忽视的重要一环。对大学生网络流行语的运用情况进行研究,有利于优化思政教育方式,强化思政教育实效。

对已有研究文献进行分析发现,学者们或主要分析大学生网络流行语近年来的使用变迁历程②③,或聚焦大学生文化素养视角谈网络流行语的作用④⑤,或重点关注网络流行语对大学生价值观的影响⑥⑦⑧,或聚焦于理论层面思政教育视角下大学生网络流行语的研究⑨⑩⑪⑫,针对网络流行语的实践

---

① 习近平主持召开学校思想政治理论课教师座谈会强调 用新时代中国特色社会主义思想铸魂育人 贯彻党的教育方针落实立德树人根本任务[N].人民日报,2019-03-19(1).

② 高菲,崔梦圆.中国网络流行语十年变迁的启示[J].新闻爱好者,2022(4):60-64.

③ 王延隆.网络流行语与思政教育的话语变革[J].中国青年研究,2015(3):77-81.

④ 袁晓芳,刘丽云.网络流行语对大学生语文素养的影响及思考[J].山西财经大学学报,2022,44(1):174-176.

⑤ 蔡梦虹.新媒体环境下青年网民媒介素养研究——基于网络流行语传播的分析视角[J].传媒,2018(20):76-78.

⑥ 韩鑫月.网络流行语对大学生价值观的影响及教育应对[J].辽宁教育行政学院学报,2020(2):41-44.

⑦ 李宇杰,高雅.从网络流行语看当代青年的价值观[J].社会科学家,2012(6):158-160.

⑧ 曾翔,唐黎,刘夕媛.网络流行文化对大学生价值观的影响[J].当代青年研究,2014(1):99-103.

⑨ 桑雷."转语成育":网络流行语中潜隐的思政教育价值析论[J].理论导刊,2019(4):74-79.

⑩ 连晶晶.网络流行语对大学生思想政治教育的影响及其对策探讨[J].高教学刊,2020(19):168-171.

⑪ 倪建均.新媒体语境下网络流行语泛化与高校思政教育话语创新[J].黑龙江教育(高教研究与评估),2017(11):76-78.

⑫ 马成成.网络流行语融入高校思想政治教育研究[J].学校党建与思想教育,2015(21):47-49.

运用研究成果较少。实践是大学生网络流行语生根发芽的土壤,因此仍有必要通过实证研究方式对大学生网络流行语运用进行系统研究,洞悉实践层面大学生网络流行语运用的内在机制以及其中所蕴含的思政教育价值,加强和改进新时代大学生思政教育模式。

二、研究方法与过程

(一)研究方法

扎根理论是由哥伦比亚大学的社会学家格莱瑟与施特劳斯于1967年所提出的一种质性研究方法①。其主张不事先进行假设预设,而是采取开放式编码、主轴式编码和选择式编码的方式从原始资料中提取概念,通过系统分析的方式构建相应理论以研究某一问题或现象,从而进一步实现透过现象看本质的认知过程②。本文依托扎根理论,针对网络流行语在大学生思政教育中的运用情况进行研究,通过线上线下相结合的访谈方式收集原始资料,对其进行逐级编码,提炼相关概念、建立类属关系。

(二)研究过程

1. 样本选取

研究样本严格依照两个标准进行选取:其一,受访对象应为认知能力正常的在校大学生;其二,受访对象必须有接触或使用网络流行语的经历。共有30名符合研究标准的在校大学生接受访谈。受访对象信息见表1。

---

① 费小冬.扎根理论研究方法论:要素、研究程序和评判标准[J].公共行政评论,2008(3):23-43.

② Glaser B, Strauss A. The Discovery of Grounded Theory: Strategies for Qualitative Research[M]. Chicago: Aldine Publishing Company,1967.

表 1 受访对象信息表

受访对象信息	分类	人数	受访对象信息	分类	人数
性别	男	11	学历	本科在读	12
	女	19		专升本在读	5
专业	文科	15		硕士在读	9
	理科	8		博士在读	4
	工科	7			

2. 访谈设计

访谈主要采取半结构化的方式进行,访谈提纲设计围绕以下内容展开:
(1)关于将网络流行语运用在大学生思政教育过程中,您的态度如何?
(2)您对网络流行语的了解程度如何?
(3)您在生活中使用网络流行语的频率如何?
(4)您觉得网络流行语有哪些特点?
(5)对您开展过思政教育的施教主体有哪些?
(6)施教主体一般采用何种方式对您进行思政教育,其态度如何?
(7)请谈谈施教主体让您印象深刻的施教经历。
(8)请谈谈施教主体运用网络流行语进行思政教育带给您的积极作用。
(9)您认为目前运用网络流行语进行思政教育存在的问题有哪些?
(10)您对将网络流行语运用于思政教育中有什么建议?
在实际访谈过程中根据对象个体差异,有针对性地进行灵活调整。

研究者在访谈提纲的框架指导下与受访对象进行深入交流。值得注意的是,在访谈过程中一方面须引导受访对象围绕访谈提纲所设计的问题进行详细回答;另一方面根据访谈情况以及受访对象回答的差异性还应适当追加访谈问题,以便收集设计访谈时未关注且有价值的研究资料。

3. 资料编码

访谈结束后,研究者对 30 名受访对象的原始访谈资料进行整理,随机抽样选取其中三分之二的访谈资料,按照扎根理论三级编码的要求逐级对其进行开放式编码—主轴式编码—选择式编码。另外三分之一的访谈资料则留作进行理论饱和度检验的对照样本。

(1)开放式编码。

开放式编码也称为一级编码,即对前期访谈所获得的原始资料进行总结,将资料中的语句进行标签化拆解与分析,在此基础上将语义内容相近的要素组合,进而发现概念初始范畴。为增强可信度,整合受访对象所提及的重复频率在3次及以上的相同或类似概念,将被提及次数极少的初始概念界定为无效概念并予以剔除。因篇幅限制原因,每个范畴仅节选有代表性的原始语句资料作为范畴所对应概念。

(2)主轴式编码。

主轴式编码又称二级编码,是指以问题研究为核心,将开放式编码所形成的初始概念、范畴进行进一步提炼与概括,以建立类型、属性以及维度不同的范畴间的潜在逻辑联系,进而将各初始范畴进行有机联系,形成主范畴的文本数据处理过程。通过对开放式编码阶段所形成的23个副范畴进行主轴式编码,归纳形成8个主范畴。

(3)选择式编码。

选择式编码是通过对主轴式编码所形成的8个主范畴进行分析与提炼,挖掘具有统筹性的核心范畴,分析核心范畴与主范畴的内在逻辑联系。通过进一步梳理与归类,3个核心范畴共同对网络流行语在大学生思政教育中的运用产生影响。三级编码情况详见表2。

表2 三级编码的主要结果

核心范畴	主范畴	副范畴	原始文本	相似节点数
网络流行语运用于大学生思政教育的可行性	学生层面	接受度高	感觉这样也挺有意思	18
		使用频率高	当然都是高强度网上冲浪	16
		了解程度深	近期的流行"梗"我全都烂熟于心	13
	施教主体层面	施教主体多样性	老师、辅导员、父母甚至陌生人都算	9
		施教主体态度积极	有次辅导员也说,愿意用我们喜闻乐见接地气的方式开展思想层面的教育	10
		成功案例佐证	辅导员配上"熊猫头"表情包,让我们明白了每日打卡的重要性	7

续表

核心范畴	主范畴	副范畴	原始文本	相似节点数
网络流行语运用于大学生思政教育的可行性	网络流行语特征层面	时代性	前两年流行"我太南了",现在流行"一把子大无语",根据时代变化在不断变化更新	14
		简洁性	都很朗朗上口,便于记忆而且简单	20
		传播迅速性	"奥利给"感觉迅速红遍大江南北	22
		与思政教育的共通性	两者有共通性,都随着时代不断发展而且都很贴近实际生活,接地气	8
网络流行语运用于大学生思政教育的影响	积极作用	创新教育模式	这样的教育模式还是很有创新意义的	15
		提升教育实效	感觉结合网络流行语来进行的话大家就更感兴趣、更专注,确实达到了那种效果	12
		彰显教育意义	老师给我们讲"人类命运共同体",潜移默化当中我体会到了身上所承担的责任和义务	16
	消极问题	网络流行语良莠不齐,正能量流行语鲜为人知	像"李毅吧""孙笑川吧"等流传出来的网络用语真的很低俗	18
		传统观念带来偏见	感觉有的人觉得这些网络用语难登大雅之堂	11
		施教方式单一,生搬硬套问题凸显	感觉老师也不懂某些网络用语的意思,硬搬来教育我们,我都要尴尬得"抠出三室两厅"了	16
		多方合力尚未形成	教育应该也不是老师一个人的事情	7

续表

核心范畴	主范畴	副范畴	原始文本	相似节点数
网络流行语运用于大学生思政教育的优化对策	积极引导学生	引导学生正确认识网络流行语	目前大家对这些流行语的认识都是了解一下意思,其实比如可以引导大家认识创作者背后的正能量故事	6
		引导学生强化甄别能力	"矮矬穷""woc"等都挺负面的,我们要睁大眼睛辨别	19
	优化教育方式	转变传统观念,加强知识储备	我们是被教育的对象,那么教育我们的人,首先需要改变自己的偏见	11
		创新教育方式,结合情境恰当运用	不要总是开班会讲PPT了,"一整个大无语"	18
	营造良好氛围	加强对正能量网络流行语的宣传	要多多宣传"逆行者""光盘行动""人民至上 生命至上"等正能量网络流行语	12
		形成多方教育支持合力	教育并不是老师一个人的事,需要形成合力	6

(4)饱和度验证。

本研究选取三分之一的原始访谈资料进行饱和度验证,检验针对30名受访对象原始访谈资料的分析是否符合饱和度要求。对照主轴式编码阶段已形成的8个主范畴进行分析,结果显示,均未发现新形成的重要范畴及相应关系,8个主范畴内部也未发现新的作用因子,各范畴间原有逻辑联系无误,该研究所形成相应范畴的饱和度符合要求。

三、结果分析

(一)模型概述

本研究采用深度访谈法收集原始访谈数据,运用扎根理论对数据进行分析与处理,描绘三个核心范畴的"自画像",并根据核心范畴、主范畴及副范畴间的逻辑联系构建了将网络流行语运用于大学生思政教育的作用关系模型,如图1所示。根据模型进行具体分析可知:

首先,可行性这一核心范畴是将网络流行语运用于大学生思政教育的前提条件,亦是进行后续模型分析以及形成完整作用关系的起始点。其次,网络流行语运用于大学生思政教育的影响属于运用过程中的重要反馈,这是模型中的核心环节。一方面,通过对积极作用与消极问题两个主范畴进行提炼,洞悉影响的逻辑内涵;另一方面,积极作用也证明着运用的可行性,因此得以进一步分析运用所需思考的优化对策。最后,通过对运用的全过程进行梳理与分析可知,由积极引导学生、优化教育方式及营造良好氛围三个主范畴所孕育而生的优化对策这一核心范畴是理论模型形成与构建的目标。根据前述三项核心范畴所反映的消极问题而思考的优化对策可以进一步提升运用的可行性,使该模型趋于稳定。

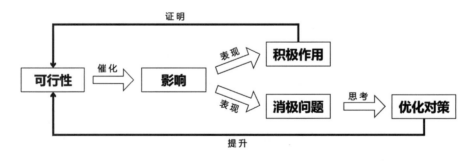

图1 网络流行语运用于大学生思政教育模型图

(二)具体分析

剖析各核心范畴内部的联结关系,进行内部线索梳理是检验模型可信度

与作用机制的有效手段。对研究结果所构建模型各部分核心范畴的具体分析如下:

1. 网络流行语运用于大学生思政教育的可行性

(1)学生层面。

大学生群体对网络流行语接受度高、使用频率高、了解程度深是该主范畴所蕴含的3个副范畴。第一,接受度高这一语句中蕴含两层意思:一为以受访对象为代表的大学生群体对网络流行语持较为宽容的态度,二为对将该类用语运用于该群体本身进行思政教育具有较高的接受度。第二,使用频率高是其得以运用的先决条件之一。第三,了解程度深这一副范畴的存在一方面意味着以受访对象为代表的大学生群体在兴趣爱好的驱使下衍生主动了解网络流行语的探知行为,另一方面表明将网络流行语运用于大学生思政教育具有先天优势,施教主体不必花费大量精力科普所用施教素材的背景知识以及与教育目标间的逻辑联系。

(2)施教主体层面。

该主范畴的3个副范畴分别是施教主体多样性、施教主体态度积极以及成功案例佐证。首先,施教主体多样性即运用网络流行语进行思政教育的主体类别丰富,诸如辅导员、任课教师以及长辈等,多主体参与可提升其可行性。其次,施教主体态度积极意味着认真的施教态度,从主观层面进一步提升运用的可行性。最后,成功案例佐证意味着通过已有经验探寻施行对策成为可能,参照已有案例经验做法衍生而来的新案例则通过良性循环的方式不断完善该教育方式。

(3)网络流行语特征层面。

网络流行语的时代性、简洁性、传播迅速性,以及与思政教育的共通性4个副范畴被囊括于这一主范畴中。在时代性方面,网络流行语本身便是网络技术进步发展所孕育的新时代产物,时代性意味着网络流行语作为一种教育资源能紧跟时代步伐被运用于思政教育中。在简洁性方面,网络流行语一般简单易懂、朗朗上口且有趣味性,如早期网络时代的"886"以及当下时兴的"干饭人""爷青回"等,简洁性是该类用语传播迅速的重要原因。在传播迅速性方面,依托网络这一传播媒介,该类用语传播迅速,从前"车,马,邮件都慢,一生只够爱一个人"①,当今社会,出现一个"热梗"当天便有可能火爆全网。在与思政教育的共通性方面,网络流行语与思政教育有着契合之处。一方面,两者有着相同的话语生成基础,均在社会现实的基础上孕育而生;另一方面,两者都有着共同的作用对象,受众群体具有高度重合性,均指向青年人群体,有着塑造青年价值观的作用。

2. 网络流行语运用于大学生思政教育的影响

(1)积极作用。

第一,创新教育模式。15位受访对象表示网络流行语在大学生思政教育中的运用促进了教育模式的创新。创新主要体现在教育所依托载体的创新以及教育方式的创新两个维度。在载体创新方面,网络流行语根植于网络,在线上思政教育阵地拥有先天优势,具体体现为"润物细无声"的浸润教育。在方式创新方面,载体的创新也为教育方式的创新提供契机。一方面,课堂中有发挥学生主观能动性的互动式教学模式;另一方面,课堂之外的第二课堂、校内外劳动实践等形式也为运用网络流行语进行思政教育提供了丰厚土壤。

第二,提升教育实效。12位受访对象认为教育实效的提升是在大学生思政教育中运用网络流行语的积极作用之一。实效性是检验教育成果的重要依据。从心理学上分析,人们记忆自己感兴趣的事物时,能高度集中注意力,使大脑皮质有关信息接受区形成优势兴奋中心,使该事物能在脑中留下深刻印痕,产生积极的记忆效果。因此,将网络流行语融合于思政教育过程中,不仅受教育者因兴趣使然对所吸收知识将保有深刻印象,更有助于提升思政教育实效。

第三,彰显教育意义。教育意义得到彰显是受访对象所提及最多的积极作用之一,有16位受访对象提及。在思政教育的话语视域中,网络流行语作为互联网时代社会流行文化的重要组成部分,体现着时代意蕴与教育价值,

---

① 木心.云雀叫了一整天[M].桂林:广西师范大学出版社,2013.

以及对大学生群体的影响力。施教主体将该类教育素材运用于思政教育进程中,有助于提升大学生群体的责任感、塑造正确的价值观①,更能促使该群体从"倾听者"向"讲述者"转变,以个人正向行为激励他人,形成良性循环,彰显教育意义。

(2)消极问题。

第一,网络流行语良莠不齐,正能量流行语鲜为人知。有 18 位受访对象表示网络流行语存在良莠不齐的问题。网络中目前仍充斥着大量调侃讽刺甚至低俗下流的网络流行语。大学生群体正处在三观形成的重要阶段,缺乏一定的辨别能力,易因盲目从众心理产生模仿行为。同样,正能量流行语鲜为人知是值得关注的问题,如"不忘初心""觉醒年代"等,此处的鲜为人知并非表示该群体不认识该类用语,而是并未认知到此类用语也属于网络流行语,其潜意识内认为该类用语"高大上""遥不可及",进而产生抵触心理。

第二,传统观念带来偏见。"他自己都觉得这些流行语是低俗的、恶趣味的,怎么可能用来教育我们?"有 11 位受访对象在深度访谈过程中提及,部分施教主体因传统观念影响,对网络流行语存在一定偏见,一方面认为网络流行语并不符合汉语的语言规范,不利于对汉语规范性的习得;另一方面以偏概全,认为网络流行语都是低俗的。该部分施教主体并未意识到网络流行语所存在的两面性以及正能量网络流行语在思政教育过程中的价值意蕴。

第三,施教方式单一,生搬硬套问题凸显。"老师念 PPT 给我们讲解网络流行语,这和讲一个课堂知识有什么区别,很无聊。"16 位受访对象认为在课堂上以及生活中所接受过的运用网络流行语开展的思政教育存在施教方式单一的问题,与传统教育方式区别甚微,并未发挥网络流行语的独特优势。生搬硬套问题则体现在施教主体缺乏对网络流行语意义的了解即进行盲目套用,使受访对象认为该行为令人感觉尴尬。

第四,多方合力尚未形成。"光靠老师在学校里说,或者在班级群里面讲,感觉效果并不是那么好。"7 位受访对象在针对问题讨论中,关注到社会支持这

---

① 周彬,龚秀媛.大学生社会主义核心价值观的培育——基于网络流行语影响的实证研究[J].北京航空航天大学学报(社会科学版),2020,33(5):161-170.

一层面,认为目前网络流行语在大学生思政教育中的运用尚未形成多方合力,目前多为辅导员、班主任、思政课教师等主体单打独斗,独木难支,缺少足够的支持合力。

3. 网络流行语运用于大学生思政教育的优化对策

(1)积极引导学生。

积极引导学生正确认识网络流行语,强化甄别能力。网络流行语存在良莠不齐的特性,易引起价值标准失衡、三观紊乱的消极现象。网络流行语能形象地折射社会热点,但容易造成事实曲解。正是因为网络流行语是一把"双刃剑",所以需要引导大学生理性思考,用全面的视角认识网络流行语。网络虽弱化了施教主体作为理论灌输者的唯一性,但施教主体仍可另辟蹊径,思考如何成为网络流行语的解读者。大学生思政教育需要将分析问题的理性思维方法传授给大学生,使他们正确认识网络流行语,强化他们对网络流行语的甄别能力。

(2)优化教育方式。

第一,转变传统观念,加强知识储备。网络流行语涉及所处时期社会重大事件与现象以及日常生活的方方面面,是一面反映社会现实的镜子,表现着不同时期以大学生为代表的青年的价值观与处世态度。鉴于此,施教主体对普遍存在且适用性较强的一些网络流行语不应该"谈语色变",应转变自身观念,主动打破与网络流行语的隔阂,加强相关知识储备,了解不同类型网络流行语,接受有益的正能量网络流行语。

第二,创新教育方式,施教主体结合情境恰当运用网络流行语。网络流行语的使用体现使用者标新立异、渴望求新的心态,使用者力求展现独特的思辨方式与用语形式。同样,将网络流行语运用于大学生思政教育中,也应追求教育方式的创新,思考如何结合情境恰当运用。首先,以线上线下、课堂内外相结合的情境教育方式替代传统课堂主导的形式,发挥第二课堂、行走课堂、线上课堂以及校外实践课堂的作用,多情境结合开展教育;其次,在课堂内改变原有教师主讲式的授课方式,思考构建启发式课堂,发挥学生的主观能动性,提升学生兴趣;最后,施教主体应思考如何结合情境恰当运用网络流行语进行教育,如学生学业压力较大进而产生厌学心态时,轻易批评其"躺平"反而适得其反,易引发其逆反心态。

(3)营造良好氛围。

第一,加强对正能量网络流行语的宣传。加强对正能量网络流行语的宣传,有利于大学生认识了解正能量网络流行语的生成逻辑与语义价值,对加强大学生网络流行语甄别能力大有裨益。首先,把反映社会现象、倡导时代主流价值观的网络流行语"引进来",去粗取精,丰富教育资源的构成;其次,赋予部分网络流行语以不同于原有语义的积极正能量,如"一个小目标"原为某富豪认为需要给自己先制定一个小目标,比如挣一亿元,后网友使用时多为一种阶级固化的嘲讽式表达,经改造后,可变为鼓励大学生在制定长远目标时需考虑当下,一步一个脚印,制定属于自己的"小目标";最后,线上线下多渠道辅之以短视频拍摄大赛、知识竞答比赛以及征文比赛等形式开展正能量网络流行语宣传,使正能量网络流行语真正落地并生根发芽。

第二,形成多方教育支持合力。大学生不仅在校内与老师等施教主体进行接触,同时受家庭教育、多样性的校外社会实践以及网络世界纷繁复杂的各类事件影响。因此,将网络流行语运用于大学生思政教育中绝不是教师这一单一主体的任务,需家庭、学校以及社会各方联动。一方面,不同主体可根据自身能力特点开展思政教育;另一方面,不同主体应在对应领域加强对大学生使用网络流行语的引导教育,发挥1+1>2的效果,形成教育支持合力。

四、结语

在大学生思政教育的进程中,面对伴随着网络流行语不断发展、创造出的新教育话语,应端正态度审视其生成逻辑、传播路径和自身特点,以开放包容的态度和寻求对话的精神,分析其背后的价值观念,通过可行性分析把握其融入思政教育的环节流程,在运用中发现其积极作用,直面消极问题,寻求解决对策,方能更好地回应时代发展所提出的崭新要求,消解大学生思政教育进程中所存在的文化困惑,增强思政教育的实效性。

事务管理

依托高校"一站式"学生社区开展学科特色生涯教育的路径研究

周 钰 孔 姝 占 艺

摘 要：生涯教育旨在帮助学生认识自我，了解行业发展及就业政策，掌握求职技巧，引导大学生实现自己的社会价值和人生理想。依托书院、宿舍等，高校"一站式"学生社区积极探索学生组织形式、管理模式、服务机制改革，打通育人"最后一公里"，但在生涯教育方面缺少体系建设。大学的学生社区主要以学科专业划分区域，有利于集中学生群体，为在"一站式"学生社区开展生涯教育提供了便利条件。同时，充分结合学科特色，建设生涯教育的工作体系，为大学生的发展提供个性化指导，使学生在大学学习、职业发展和社会生活等方面做好充分的准备。

关键词：生涯教育；"一站式"学生社区；学科特色

就业是最基本的民生。党的二十大报告提出，实施就业优先战略，强化就业优先政策，健全就业促进机制，促进高质量充分就业。生涯教育是就业指导课程的核心环节，通过生涯意识唤醒、生涯目标确定、生涯能力提升、生涯决策行动等环节，促进学生自我探索、职业探索、人职匹配，是落实就业育人理念的

基金项目：高校思想政治工作队伍培训研修中心（华中科技大学）2020年度专项课题研究项目（项目编号：2020YXZX10）；教育部高校学生司第二期供需对接就业育人项目（项目编号：20230103253）；2018年度湖北省教育厅人文社会科学研究专项任务项目（研究生思想政治工作）（项目编号：18Z504）。

作者简介：周钰，华中科技大学生命科学与技术学院学工组长，讲师；孔姝，华中科技大学就业指导与服务中心副主任，副教授；占艺，华中科技大学党委组织部副部长，副教授。

工作载体。① 加强生涯教育有利于大学生树立正确的择业观和制定合理的生涯规划,更好地促进大学生高质量就业。

生涯教育相关概念的提出和发展来源于美国,帕森斯(Frank Parsons)、罗杰斯(Carl R. Rogers)、舒伯(Super)、施恩(Edgar H. Schein)、赫尔(Herr)、霍兰德(John Holland)等人对职业、生涯的理论进行了补充和完善。霍兰德创建了类型学理论,归纳出六种典型的职业环境和典型个人导向,由此发展出的自我引导探索测验在我国高校生涯规划工具里较为常见。另外,还有强调心理测量的特质-因素理论、关注工作和生活角色选择的发展性理论、就业决策的社会学习理论,以及强调自我认知的认知信息加工理论等②,这些理论在我国高校关于生涯教育的指导过程中都有所提及。伴随着社会发展和人口数量不断变化,人们不再只关注职业及其带来的物质满足,更期望通过职业获得人生价值,满足精神需求。

在国家政策、经济形势、行业发展等多方面因素的影响下,大学生对就业的期望也在不断地发生变化,学生不仅要考虑当下的择业问题,还要考虑长期的职业发展、人生规划,因此培养学生的生涯适应力可以作为高校就业指导工作的核心指向。③ 2007年,教育部办公厅发布《大学生职业发展与就业指导课程教学要求》,职业发展和就业指导课程作为公共课程开始纳入各大高校教学计划;2019年相关课程被认定为国家级一流本科课程;2020年"互联网+就业"模式开始投入使用。我国在大学生职业生涯规划教育和就业创业指导等方面,创新了多样化的手段和措施,以助力大学生实现高质量就业。然而,这些方式方法的主题大多是围绕就业展开,旨在关注大学生离开学校后的择业选择,而没有重点关注学生人生阶段的长远发展。某部属高校的调研中显示,学生对生涯教育的关注点前三位分别是活动地点、专业学科和教师队伍。当

---

① 葛俊杰,周旸.就业育人视角下高校生涯教育的实践和思考——以南京大学为例[J].中国大学生就业,2022(2):27-33.

② 吴志功,乔志宏.美国大学生生涯发展与就业指导理论评述[J].比较教育研究,2004,25(6):52-55.

③ 马星,冯磊.提高学生生涯适应力:论新工业革命时代高校就业指导工作的范式转变[J].高教探索,2021(5):118-123.

前高校开展相关工作的阵地以课堂为主,结合近年来教育部关于"一站式"学生社区综合管理模式建设试点的建设要求,可以根据学生社区的设置,在一定范围,特别是以相同学科专业聚集的学生群体中,集中相关教师资源,灵活有效地开展生涯咨询和教育工作。

一、高校"一站式"学生社区中开展生涯教育的必要性

高校学生社区不仅是生活休闲的场所,也是教育文化的建设基地,是加强党建引领、落实立德树人根本任务、构建"三全育人"格局的重要载体。① 2019年,根据第二十六次全国高校党的建设工作会议部署和中央教育工作领导小组秘书组安排,教育部在全国高校开展"一站式"学生社区综合管理模式改革试点,推动学生社区教育培养模式、管理服务体制、协同育人体系、支撑保障机制改革,这是依托高校书院制、宿舍等学区建设的具有育人功能的综合性活动中心。

(一)"一站式"学生社区中生涯教育建设情况

2019年10月,教育部遴选确定10所高校开展首批"一站式"学生社区综合管理模式改革试点;2021年7月,试点范围扩大至31所高校;2022年推广到全国1000所高校。全国"一站式"学生社区综合管理模式建设试点数目逐渐增加,建设重点主要聚焦在学生党建、"三全育人"实践、平安校园等方面,生涯教育则鲜少提及。建设要求校院领导干部、校内外导师、专兼职辅导员、行政管理人员等多类型人员进驻,多方主体力量下沉,并为学生社区配备办公场所和住宿空间的硬件设施,以满足在社区进行师生交流、生活服务、活动开展等的场地需要。在探索实践上,包括生涯教育在内的许多方面目前仍存在着一些现实困境,如学生主体参与度不高、师生认同感不强、育人合力尚未形成等,在管理服务、氛围营造上还有所欠缺。围绕学生思想政治素养和个人素质

---

① 王懿. 高校"一站式"学生社区建设的价值意蕴、现实问题与实践理路[J]. 思想理论教育,2022(2):107-111.

能力综合提升,还需要探索优化路径,有效发挥"一站式"学生社区综合育人功能,推动"三全育人"格局形成。①

(二)生涯教育在"一站式"学生社区建设中的必要性

"一站式"学生社区试点建设主要围绕立德树人根本任务,打造富有中国特色、体现思政要求、贴近学生实际的生活园区,因此党建和思想政治教育是"一站式"学生社区的建设重点。在此基础上,提升"三全育人"实效、实现学生"五育"全面发展需要各关键领域协同发力,要涵盖"第一课堂"和"第二课堂",系统设计课程及活动方案,打通壁垒,实现几个"课堂"的无缝对接和同向同行。在这一过程中,生涯教育毫无疑问发挥着重要的育人功能。

中央就业创业工作中曾多次提到生涯教育相关内容,教育部每年向高校印发毕业生就业创业工作的通知。教育部《关于做好2023届全国普通高校毕业生就业创业工作的通知》中指出,要建设高质量就业指导服务体系,全面加强就业指导,健全完善分阶段、全覆盖的大学生生涯规划与就业指导体系,为学生提供个性化就业指导和服务。生涯教育是对人才培养、就业引导提供指导,帮助学生选择与之相适应的发展路线、生活方式,提升学生德智体美劳相关的能力水平,促进学生全面发展的重要方式。生涯教育和"一站式"学生社区建设强调的思政教育有较强的内在联系,两者相辅相成、相互渗透。例如,两者的教育对象相同,都是具有较高智力水平、心理不够成熟的大学生;两者的培养目标一致,都是帮助学生提升自我、成就自我,适应国家和社会发展需要;两者的教育内容交叉,生涯教育强调对自我和外部的认知,可以对思政教育中培育和践行社会主义核心价值观的教育内容进行铺垫、升华,反过来促进学生重视自身德智体美劳的全面发展;两者的教学人员重合,思政课兼职教师多为辅导员,辅导员具备一定的就业创业指导能力,可以继续进行培训和培养,掌握生涯教育相关知识和技术后,也能承担相关教学任务。思政教育可以为生涯教育提供思想上的指导,生涯教育可以解决学生发展的实际问题,在

---

① 严明,潘志娟,蒋闰蕾.高校"一站式"学生社区综合育人研究[J].学校党建与思想教育,2022(2):61-63.

"一站式"学生社区建设的过程中,推动生涯教育与思政教育融合,在教学内容、手段方式上不断守正创新,帮助学生厚植爱国情怀,坚定报国之志,实现德才兼备、全面发展和终身发展。

(三)在"一站式"学生社区开展生涯教育的优势

在"一站式"学生社区开展生涯教育的优势如下:

学生群体集中,具有便利性。"一站式"学生社区是通过教育资源的整合而组建成的一个集学生住宿、生活、学习于一体的社区,是以学生交流为主体的社交场所。在社区开展各类生涯教育活动,便于学生参加,有利于提升学生参与互动的积极性。

专业学科相同,具有针对性。一般学生社区以学生的专业和学科划分片区,同一专业或学科的学生集中在同一片区。在学生社区中开展生涯教育,可以根据学科特点,对特定的学生群体开展相关活动,提高教育的针对性和有效性。

交流互动频繁,具有示范性。除上课之外,学生大部分活动地点集中在学生社区。在生涯教育的过程中,对进行顺利、结果较好的案例进行推广,有利于在学生之间形成良好风气,而学生社区人员集中,宣传易于铺开,形成示范效应,由点及面,带动其他学生。

二、学科特色在"一站式"学生社区开展生涯教育中的重要意义

不同学科的培养计划都提出要为学科培养人才,人才最终要为学科发展或相关行业发展服务。因此,培养单位在"一站式"学生社区开展生涯教育的过程中,必须牢牢结合学科特点,开展适合本学科人才培养的活动和课程。

(一)高校结合学科特色开展生涯教育的现状

当前高校生涯教育面临新高考改革带来的新机遇与新挑战,学生了解与参与个人生涯规划的时间从新高考改革前的大学阶段前置到高中时期的选科

阶段,这对高校生涯教育提出了更高的要求。① 虽然当前大多数高校已大致建立了比较完备的生涯教育体系,但不少高校的生涯教育仍存在着不同程度的缺失。以针对重庆市不同类型七所高校的调查为例,高校的生涯教育课程主要集中在低年级学段,且不同学科之间的课程设置基本一致,难以满足不同学科学生的实际需求;与此同时,不同学科学生接受生涯教育的效果也存在较大差异,专业壁垒较高的学生往往会在生涯教育中取得更好的效果。② 此外,与学校层面相对完备的生涯教育体系相对应的则是各个学院和学科专业在生涯教育中的角色缺失。当前各个高校基本都可见学校层面设立的就业服务中心等相关单位,专门服务于学校学生的就业工作,统筹推进生涯教育工作;但此类生涯教育课程以群体课堂为主,多为面向所有专业学生的"通识类"生涯教育,对学生个人的生涯指导帮助有限。以华中科技大学为例,虽然设有单独的预约咨询平台,但可供选择的生涯导师多来自学校和学院学工系统,难以针对学生的专业发展等方面提出建议;而部分学院虽然设置了专门的就业指导工作组,涉及的生涯导师也少见专业相关教师;某些学院即使有意愿结合学科专业特色开展生涯教育,也因为缺少专业教师支持、学生参与生涯教育的自主意识弱等原因难以推进。

(二)学科特色在"一站式"学生社区开展生涯教育中的必要性

党中央高度重视基础学科和拔尖人才的培养,强调要全方位谋划基础学科人才培养,着力走好人才自主培养之路,为建设世界重要的人才中心和创新高地提供关键支撑。高校培养人才要立足于学科和专业,突出优势与特色,打破学科专业壁垒,打造有利于多学科交叉融合的平台。与人才培养相对应,高校开展的生涯教育也应结合学科与专业。现与结合学科特色开展生涯教育的相关研究多关注以初高中时期为代表的基础教育阶段,将生涯教育融入不同

---

① 任丹,田甜.对优化高校生涯教育的几点思考[J].学校党建与思想教育,2022(2):70-72.

② 杨云.大学生职业生涯教育的缺位与补位——以重庆市部分普通高校生涯教育为例[J].教育理论与实践,2019,39(21):15-17.

学科日常教学之中[①]；而对于高等教育阶段的学科生涯教育则鲜少关注。高校里的学科与专业有着各自的培养特色，所指向的人才培养目标也各不相同。在不同专业的职业导向存在差异的同时，不同专业的学生也在生涯规划的目标制定与达成方面存在显著性差异。[②] 因此，生涯规划教育应扎根于学科特色与专业特点，调整教学内容、教学方式和教学频率，不可以一概而论。例如，生涯规划课程教育可以从促进就业质量、培养职业生涯适应力、提升核心能力和知识水平、符合学科特点等方面去改善提升，以学科人才培养要求的能力指标、国际视野、成果导向为结合点，培养毕业生的职业适应力和职业期望管理，来探索相应背景下的职业生涯课程改革路径。[③] 在"一站式"学生社区开展工作时，因学科相同而聚集在一起的学生群体能够较为容易地理解和吸收贴近学科的教育内容，有利于实现生涯教育的教学期望。

（三）在"一站式"学生社区生涯教育中强化学科特色的途径

在高校人才培养工作中，生涯教育课程归属于就业指导相关部门，院系层面则以生涯类工作室为依托，开展各类就业指导活动。院系应充分结合"一站式"学生社区特点开展生涯教育，主要围绕以下三个方面强化学科特色。一是教育教学内容，为生涯教育类课程建立明确的知识体系，结合学科配备或者关联统一的教材。二是教学师资队伍，聘请校内外具有学科相关学习和工作背景的专兼职人员充实教师队伍。在教师的培训内容中强调，使用生涯相关的理论和工具时应结合学科特点。三是教育工作体系，结合学科特色建立长效学习和实践机制，除了在"一站式"学生社区内专门开设课堂外，还可与行业内的企事业单位共建实践基地，定期进行走访调研。

---

① 王惠燕.高中生涯教育"学科群"课程体系的构建[J].教学与管理,2018(10):51-54.
② 张菊红,杨帆.大学生职业生涯规划现状的调查研究[J].教育与职业,2015(23):68-69.
③ 叶荔辉,陈捷.工程学科职业生涯教育规划改革新取向及路径选择[J].河北工程大学学报:社会科学版,2017,34(3):124-127.

三、依托高校"一站式"学生社区开展学科特色生涯教育的路径实例

在高校立德树人体系中有机嵌入生涯教育,需要在师资队伍、学习活动空间和课程体系等方面开展一体化建设。华中科技大学学生工作队伍在学校和院系两个层面努力开展建设,在学生社区中广泛开展"一站式"学生社区建设,并从打造"全学科"背景师资队伍、拓展"全方位"学习活动空间、构建"全贯通"课程体系三个方面着力,探索高校在"一站式"学生社区中开展具有学科特色生涯教育的可实施路径。

(一)依托"一站式"学生社区打造"全学科"背景生涯教育师资队伍

建立学科背景交叉的专兼职教师队伍,将生涯教育与学科教育相互渗透,把管理、专业、行业中最优秀的各类背景的生涯教育师资力量引入"一站式"学生社区,让学生在最习惯的学习生活空间中去浸润式地接受优秀教师们的指导。一是把具有不同学科背景的辅导员、学院领导老师等管理人员纳入队伍,以专门从事生涯教育的老师为主、对生涯教育有浓厚兴趣的老师为辅,通力合作、协同配合。华中科技大学建设就业指导教研室,吸纳全校各学院辅导员120余名作为指导教师,共同承担全校学生个性化生涯教育建设任务。二是要树立学科教学渗透的意识,把专任教师纳入生涯教育队伍。教师是学科发展和人才培养的重要资源,也是知识教学的重要纽带,通过多方面多途径深度挖掘学科的专业职业内涵,让学生多了解本学科的知识以及前景,了解生涯发展信息。华中科技大学各学院开设的专业认知、专业导论等课程的教授老师均为学科专任教师。三是根据学科教材中提到的生涯内容,邀请行业内的优秀校友或管理人员,为学生创造真实的情景,将课本知识与生活场景融合,引导学生形成对职业的多样化和客观认识,并帮助他们开启生涯规划。华中科技大学通过"喻见职道"名企行、"喻见生涯"职场精英讲堂等将学生带出去或者把校友请回来,每年组织100多名学子走访行业内国家重点单位,让学生通过各种渠道与学科相关行业的校外人员面对面交流,感受求

职或者职业发展过程。将生涯教育的教师从"点"连成"面"，促进形成全员生涯教育的局面。

（二）依托"一站式"学生社区拓展生涯教育"全方位"学习活动空间

生涯教育要能够贴近学生，走进学生，就必然需要在学生最习惯的学习生活空间中开展润物无声的教育指导。这就要求学校提供开展这种贴近学生的教育过程的场域。加强"一站式"学生社区生涯教育活动建设，以"学生在哪里，生涯教育活动开到哪里"作为指导思想，在宿舍、院系大楼等较为固定的场所，建设学院专属的活动空间，开放教育咨询。例如，华中科技大学就业指导中心提供场地承办各类大型招聘会、个体咨询等，各学院根据学院文化和学科特色建设"一站式"学生社区，助力学生综合能力全面发展。生命科学与技术学院融合先锋型、学习型、平安型、美丽型、活力型"五型社区"特色和学院LIFE文化，将党团活动中心、国际视野学习中心、心理舒缓健愈中心、科学艺术交融中心、生涯发展指导中心五大功能空间引入学生宿舍；材料科学与工程学院"材料强国""一站式"学生社区建有"勤奋求是治学室""团结创新活动室""笃行有为工作室""材料强国交流室"；环境科学与工程学院夯实"四室一园"建设，提出"五型"环境新人培养目标，在社区楼栋打造"浸润式""绿色＋"环境新人育人文化长廊；计算机科学与技术学院融合"TIME"文化，设立党建活动中心、学业发展支持中心、团学活动中心、生涯咨询工作室、辅导员值班室五大功能区；土木与水利工程学院设立"春风化雨个体咨询室"，一对一开展职业生涯规划与就业指导，试点建设"'大师引航'名师工作室"，邀请院士领衔的高水平教师团队入驻学生社区；电气与电子工程学院建设"红色学堂""E起学习吧""E起运动吧""E同守护""E路相伴"，融合"年级建设""班级成长"特色文化，布置"春夏秋冬"四时四景。学生社区容纳生涯教育多种功能空间，满足全体学生"足不出舍"也有空间学习、交流、锻炼。①

---

① 何典灿."一站式"学生社区宿舍楼栋育人空间，上新！.HUST学工在线（微信公众平台），2023-09-04.

（三）依托"一站式"学生社区构建"全贯通"生涯教育课程体系

课堂是学校教育的主阵地，是生涯教育的重要依托。"一站式"学生社区如果仅仅只是作为休闲空间，而没有系统的生涯教育课程体系，无疑将仍然是零散的、不系统、不规范的。为此，学校有必要将生涯教育类课堂作为第二课堂来有体系地开展课程建设，涵盖理论学习和实践探索，建立专业课堂与生涯课堂之间的有机联系。一是建设专业的生涯课程并设置课外学分，把生涯教育课程纳入培养计划，成为大学教育的必选项；同时利用班会、团会、年级大会等契机融入生涯规划内容，进行全覆盖式教学。华中科技大学就业指导中心统筹"大学生职业素养培养""自我认知与生涯规划"选修课堂，面向全校开课，每学期安排两次行业内人士进课堂、一次相关企业走访。二是构建生涯课程与学科相关课程之间的联系，进一步凸显学科相关知识对于学生整体成长的价值。如各学院的专业导论课，汇集学院所有学科方向的教师进行学科前沿知识普及，为大学学习早做规划；启明学院开设创新创业辅修课程，采取"课程学习＋项目实践"的方式进行，邀请专业教师、专家、企业家、投资人、创业者参与课程教学和实践指导，为大学生毕业后的发展提供新思路，形成了学科渗透的生涯教育课，帮助大学生实现个性化发展。

感恩教育视角下高校资助育人长效机制的探索

钱 星 宋 俊 陈佳纯 谭 芸

摘 要：在构建发展型资助体系背景下，将感恩教育注入高校资助育人运行机制势在必行。本文围绕华中科技大学感恩教育工作展开案例研究，以国家奖学金获得者、困难学生这两个最具代表性的群体为研究对象，深入研究以感恩为主题的研究生资助育人长效机制的实践途径。与此同时，本文从感恩教育的层次性和结构性出发，通过分析"识恩、知恩、感恩、报恩"四个层次的感恩教育，以循序渐进的方式培养学生的感恩意识与感恩情怀；并从学生的角度出发，为学生提供善意且无压力的帮扶，自然而然地激发学生的感恩之情；然后对新时代背景下受助与知恩感恩之间的关系进行探讨；最后总结资助育人长效机制与感恩教育之间的逻辑关系。总之，本文将感恩教育的层次性和结构性融入资助育人的运行机制，从而形成"受助—自助—助人"资助模式，进而构建高校资助育人的长效机制。

关键词：感恩教育；高校；资助育人；长效机制

感恩是对他人、社会和自然给予自己的恩惠和帮助在心里产生认可并意欲回馈的一种认识、一种情怀、一种行为。感恩教育则是以培养这样一种认识、

基金项目：湖北省研究生德育研究会湖北省研究生思想政治教育规划课题项目；2020年湖北省高校学生工作精品项目（学生管理工作精品）重大资助项目（编号：2020XGJPG1001）。

作者简介：钱星，华中科技大学党委学生工作部，教师；宋俊，华中科技大学党委学生工作部，教师；陈佳纯，华中科技大学管理学院，研究生；谭芸，华中科技大学管理学院，研究生。

情怀和行为为目的的教育。育人是高校资助工作的根本目的,高校不仅要培养学生的专业技能,还要引导学生树立科学的世界观、人生观、价值观,培养其高尚的人格品质和道德修养。2017年12月6日,《高校思想政治工作质量提升工程实施纲要》中明确要求高校需要把"扶困与扶智""扶困与扶志"结合起来,建立国家资助、学校奖助、社会捐助、学生自助"四位一体"的发展型资助体系,构建物质帮助、道德浸润、能力拓展、精神激励有效融合的资助育人长效机制。① 这表明感恩教育在高校资助工作中的重要性日渐凸显,因此笔者以感恩教育为切入点,尝试探究资助育人的长效机制,从而构建发展型高校资助体系。

一、感恩教育视角下资助育人长效机制案例探究

感恩是资助育人的真正落实点,对学生进行感恩教育是研究生资助育人长效机制实践的重要途径之一,为此笔者围绕华中科技大学感恩教育工作展开了案例研究,以国家奖学金获得者、困难学生这两个最具代表性的群体为研究对象,对其开展创新性的感恩教育活动,观察其自身成长,从而探索以感恩为主题的研究生资助育人长效机制的实践途径。

(一)国家奖学金获得者感恩教育案例分析

2019年,华中科技大学从学校层面要求国家奖学金获得者参与"四个一"感恩活动,即做好一次分享、讲好一个故事、参加一项实践、帮助一位同学,通过各学院自行实施"四个一"社会公益活动,让国家奖学金获得者在活动中体验到自己身上的榜样作用,梳理个人成长历程,明确需要承担的责任,从实践中孕育国家奖学金获得者的感恩意识和行动自觉,进而形成高校资助育人长效机制。

依据2020年国家奖学金获得者"四个一"活动完成的数据统计,2020年的国家奖学金获得者"四个一"活动取得了较好的效果,国家奖学金获得者积极

---

① 赵贵臣,肖晗.诚信教育融入高校资助育人体系的路径[J].思想教育研究,2021(1):155-159.

参与"四个一"活动,用实际行动发挥榜样引领作用,用实际行动表达感恩情怀。具体而言,在"做好一次分享"方面,学校依托研究生资助发展研究中心社团,举办理工场、医科场、文科场共5场国家奖学金经验分享会,共邀请18位具有代表性的国家奖学金获得者面向全校学子进行经验分享,并在"华中科技大学研究生资助"微信公众号上推出相关推文;在"讲好一个故事"方面,国家奖学金获得者通过分享自己的"个人故事"、讲好"资助故事",表达对家庭、学校、国家的感恩之情,在全校研究生群体内树立榜样作用;在"参加一项实践"方面,学校积极开展国家奖学金获得者的感恩教育与专项培养实践计划,例如基层挂职锻炼、志愿服务、学术交流和经验分享会等,使他们在实践活动中反哺母校,服务社会,树立社会责任意识和担当奉献精神;在"帮助一位同学"方面,国家奖学金获得者会对帮扶对象就学习、生活、就业、心理等方面进行一对一、长期性、多方面的帮扶,充分发挥国家奖学金获得者的榜样引领作用。

调研显示,研究生国家奖学金感恩教育方案推行期间,国家奖学金获得者对感恩教育的认知得到一定程度的提升,参与感恩实践活动的积极性也得到大幅提高,具体情况如表1所示。由此可见,国家奖学金"四个一"感恩教育活动及其强化榜样宣传的作用有助于提升学生的感恩意识,也为在其他资助和奖励(学校奖学金、社会奖学金等)下学生感恩意识培养工作的实施和推行提供了经验证据和可行性参考。

表1 2019—2020年国家奖学金获得者感恩意识对比

	2019年调研结果	2020年调研结果
志愿服务对个人发展帮助的重要性	29.87%	37.99%
参与志愿服务活动的人数	60.18%	65.22%

(二)困难学生感恩教育案例分析

为确保每一位经济困难的学生都能够获得学校的支援,华中科技大学采用"个人申请+主动帮扶"的困难学生认定模式。在个人申请阶段,学生自行提交相关材料,主动向学校提出困难补助申请。而在主动帮扶阶段,华中科技大学资助中心以学生校园卡的消费数据为基础,综合考虑食堂用餐率、餐均开支、超市月均消费等指标,同时对进出校园数据进行详细对比分析,然后将大数据分析结果与初步认定名单进行比对,最终确定困难学生名单。这一认定过程确保了全方位、多角度的综合评估,从而更为精准地识别家庭经济困难学生。

具体而言,就在2020年和2021年,大数据分别识别了超过400名和500名未主动提出帮扶请求的困难学生。随后,华中科技大学资助中心主动将这些学生列入帮扶名单,并以隐性资助的方式将补助金悄悄发放到学生的银行账户中。这种细致入微的关怀在无意间强化了困难学生的感恩意识。受到资助的刘同学感激地说:"我家里确实比较困难,但通过在学校做助学岗位工作可以领取助学补贴,便没有申请困难认定,没想到学校主动给我发补助,太暖了。"这个个案生动地展示了华中科技大学困难补助在满足学生实际需求的同时,也在潜移默化中培养了学生对于校园、社会以及祖国的感恩之心。

除了困难补助外,华中科技大学还通过设立勤工助学岗位、冬日送温暖、提供就业帮扶、定期开展"诚信·励志·感恩"主题教育等措施,助力家庭经济困难学生德智体美劳全面发展。就实施效果而言,这些针对困难学生展开的帮扶政策不仅可以有效缓解学生的经济压力,还有利于培养学生的感恩意识,形成正确的人生观、价值观。例如,在冬日送温暖活动现场,同学们领取暖身更暖心的过冬物资后,纷纷表示感谢国家和学校无微不至的关怀,并表示一定会珍惜当下、努力学习,用实际行动报答学校、回馈社会。

综上所述,华中科技大学结合个人申请和大数据分析的资助政策,解决了困难学生的实际问题,更在精神层面培养了学生的感恩心态,为其未来的成长成才打下了坚实的基础。

(三)案例总结与理论构建

以上两个案例深刻揭示了感恩教育在高校资助育人长效机制中的理论建构。首先,感恩教育的引入不仅仅是为了解决学生的物质需求,更是为了培养一种积极向上的心态和社会责任感。这种全新的视角使得高校资助机制不再局限于单一的资金支持,而是融入更广泛的教育目标,追求学生的全方位发展。感恩教育从根本上改变了高校资助的理念,将学生培养成更加有担当和社会责任感的个体。

其次,对学生感恩意识培养工作的注重和完善在高校资助工作中具有深远的意义。通过国家奖学金获得者和困难学生的案例分析,我们看到感恩教育在激发学生的责任感、奉献精神方面发挥了重要作用。这种感恩意识不仅使学生在个人成长中更有底气,同时也为社会培养了有志向的人才。感恩教育的开展进一步推动了高校资助工作向更具发展性的方向发展,不仅注重短期的经济资助,更着眼于学生在整个生命历程中的全面发展。

基于这一认识,笔者从感恩教育视角出发,致力于深入探究高校资助育人长效机制。这一机制的本质不仅在于提供资金支持,更是通过感恩教育的引导,使学生成为有担当、有社会责任感的公民。高校资助育人长效机制应当追求学生在物质、心理、道德等多个维度上的全面提升,通过对学生进行全方位的培养,促使他们在未来能够更好地服务社会,为国家和社会做出更大的贡献。

在未来,其他高校可以充分借鉴以上两个案例的成功经验,结合自身实际情况,构建更为符合学生需求和社会期待的资助育人长效机制。同时,通过引入感恩教育的元素,高校可以更好地促使学生成长为有担当、有社会责任感的人才。通过对感恩教育活动的定期评估,高校可以深入了解资助政策的实际效果,不断优化和改进机制,为把学生培养成社会的栋梁之材提供坚实的基础。这一全新的资助育人理念将为高校提供可持续的发展方向,同时也为学术界提供更为深入的研究议题。

二、感恩教育在高校资助育人工作中的积极作用

(一)感恩教育有利于丰富资助育人工作内容

如何将感恩教育和资助育人工作关联起来,是资助育人教育的基本落脚点。感恩教育是资助育人的应有之义。实施感恩教育,一方面,能够让学生认识到感恩的重要性和意义,认识到自己身上所承担的社会责任,培养学生的感恩意识;另一方面,能够让学生拥有感恩体验,体验到学校"以学生为中心"的

办学理念,将感恩意识落到感恩行为上,由此实现"受助—自助—助人"的转变。因此,感恩教育的研究和实践与资助育人的目标具有一致性,感恩教育能够为高校资助育人工作注入新的元素,为实现资助育人长效机制提供一种特殊的视角,有利于丰富资助育人工作的内容。

(二)感恩教育有利于推动资助育人工作实践创新

当前高校资助育人工作主要实现让学生"受助—自助"这一层次,忽视了让学生实现"自助—助人"这一层次。如何把学生由因"受助"转化为"自助",然后发挥学生的主观能动性,因感恩回报社会的理念转而"助人"是资助育人工作的重要内容。实现"自助—助人"转变是资助育人工作成效的关键因素。感恩教育是高校资助育人工作的重要组成部分,创新感恩教育实践有利于创新高校资助育人工作模式。可以通过微信公众号、网页、校园宣传栏等宣传感恩文化,营造浓厚的感恩教育氛围,培养学生的感恩意识。同时,还通过不定期举办一系列的感恩实践活动,增加学生的感恩体验,让学生的感恩意识转化为感恩行为,感恩行为反过来又能够强化学生的感恩意识。高校通过统筹学生的感恩意识与行为,以行动促进、更新意识,以意识引领、指导行动,最终形成知行合一的良性循环。由此可见,感恩教育能够集物质帮助、能力拓展、道德引领等多种元素于资助育人工作中,有利于推动资助育人工作的实践创新。

(三)感恩教育有利于为资助育人工作提供持续动力

感恩既是一种优良品质,又是一种情感。国内外都有学者证明,情感在人的认知和行为过程中具有积极作用。我国最早研究情感教育的学者朱小蔓教授认为,情感不仅是人类生存的适应机制,也是认识发生的动力机制、行为选择的评价机制,还是生命的享用机制。[1] 感恩教育正是充分发挥情感的积极作用,让学生实现从"自助"到"助人"的转变。一方面,感恩教育能够让学生体

---

[1] 朱小蔓.情感教育论纲[M].南京:南京出版社,1993.

会、体验到自己被爱,由此萌发出感动、感恩的情感,自然而然产生想要回报他人的感恩意识,做出感恩行动。另一方面,感恩教育通过一些感恩实践活动让学生体验到主动付出的快乐和实现自己价值的满足,进而强化学生的感恩意识和感恩行为。可见,感恩教育能够通过激发学生的情感系统,为高校资助育人工作提供源源不断的动力。

三、感恩教育在高校资助育人工作中的不足之处

感恩教育在高校资助育人工作中,承载着道德浸润和精神激励功能,在实现从"学校资助"转向"学生自助"再到"学生助他"过程中发挥着育人目标导向作用。因此,了解高校感恩教育工作现状对充分发挥学生资助工作的育人和导向功能具有重要意义。基于此,笔者开展了华中科技大学感恩教育工作现状调研。分别面向全校研究生和国家奖学金获得者发放调查问卷。具体而言,课题组两次面向全校研究生发放"华中科技大学研究生资助情况调查问卷",分别发放问卷 6000 份、6355 份,实际回收 4646 份、5072 份;课题组两次面向国家奖学金获得者发放"探寻榜样力量,助力筑梦育人——华中科技大学国奖数据调查问卷",分别发放 536 份、460 份,实际回收 452 份、437 份。值得说明的是,面向全校研究生的调研是为了解研究生的感恩意识和摸排学校整体工作,面向国家奖学金获得者的调研是为把握感恩教育对象精细化的效果。此外,基于整体调研情况,我们也对部分学生进行了访谈。

值得注意的是,感恩和感恩教育应区分开来,前者对应的是受助者,后者对应的是教育者。具体而言,感恩教育是一种教育方法,旨在培养受助者感恩的态度,而感恩是一种情感和态度,可以在生活的各个方面体现出来。感恩教育旨在帮助受助者更好地理解和表达感恩之情,以促进个体心理健康和社会良性互动。

(一)感恩与育人功能目标导向模糊

感恩在资助育人方面扮演着非常重要的角色,在教育和培养人才的过程中,培养感恩的态度和情感是至关重要的。然而由于感恩与育人功能存在目

标导向的模糊状况,使得感恩推动资助育人落实进程受到了阻碍。在全校研究生群体调查中,仅有52.4%的受访者表示学校有开展资助育人的感恩教育活动,35.4%的受访者则对学校资助育人的感恩教育活动是否开展处于不清楚状态,12.2%的受访者回答学校没有开展资助育人的感恩教育活动。可见,学校在开展感恩教育活动时,存在没有明确界定活动的性质和功能,未将感恩教育活动与资助育人功能做到有效衔接,又或未做到有效向学生传达活动目的和宗旨等问题,从而使得感恩教育的目标简单化,学生无法领会活动要义,进而无法达到预期效果。

(二)感恩意识与感恩实践知行不一

感恩教育是指面向受教育者开展识恩、知恩、感恩、报恩环节的教育,从而使受教育者对感恩达到认知、情感和实践三方面的统一。然而,当下互联网的快速发展加速了不同文化思想的碰撞与交流,也放大了人们的享乐主义、投机主义、利己主义、拜金主义倾向,给不良思想传播提供了可乘之机,使得高校感恩教育工作开展时凸显出知行不一的现象。具体而言,学校为培养国家奖学金获得者的知恩、感恩、报恩意识,设计和推行国家奖学金获得者的感恩教育实施方案,深入调研了他们在感恩意识培养和感恩行为实践方面的变化。在方案实施调研中,我们调研了他们的实践活动参与情况,发现参与过社会实习的学生占比53.32%,参与过志愿服务的学生占比60.18%,参与过学术交流的学生占比84.51%。然而,在被问到"您认为哪些实践活动意义比较大?"时,仅有29.87%的学生认为志愿服务活动的意义比较大。学生主动参与感恩实践活动,但调查却反映出学生对感恩认知不高,这可能反映了学生的感恩行为是趋利性质,而不是出于责任和意识的牵引,凸显了学生存在着感恩意识和感恩行为的不一致性,即"知行不一",并且也从侧面反映出学校感恩教育的实效性不足,亟须提升学生的思想政治水平。

(三)感恩教育的实施时点和边界不清晰

感恩教育的层次性特点启示教育工作者开展感恩教育需要注重全程化和

过程性视角。然而,在实际工作中,感恩教育常呈现"一锅烩"特点,常采取灌输感恩经历、带领学生学习感恩事迹的方式,以公众号推送、专题讲座、主题活动途径实现,较少注重不同学科的差异,也不太关注不同学生群体、不同教育阶段特点,进而导致学生对感恩实践活动的实施时点和边界认定存在模糊的认识。在访谈学生工作中,部分学生群体认为感恩实践不一定非得当下,现阶段研究生群体的关键任务是科研,感恩行动是毕业后才应更加重视的。但值得思考的是,现阶段若不注重学生的感恩教育,引导其形成正确的感恩认知,当学生迈入社会后,由于其主观意识固化,对其再开展感恩行为引导可能难上加难。与此同时,学生对感恩行为的实施边界也存在疑问,认为科研活动体现了感恩活动,当学校的科研水平提升时,资助方是从中有所收获的。诚然,投身科研活动是投身祖国建设、以行动回馈社会的表现,然而只注重科研成果,而不注重道德培养工作,可能导致结果导向和利益导向社会风气的盛行。

四、感恩教育视角下高校资助育人长效机制探究

在感恩教育视角下,资助育人工作要突破长期以经济帮扶、学业助推、人文关怀、实践历练、心理疏导等为主导的模式,从重视学生道德引导出发,为其提供良好的感恩教育环境,培养"识恩、知恩、感恩、报恩"思想意识,形成"受助—自助—助人"资助模式,从而构建物质帮助、道德浸润、能力拓展、精神激励有效融合的资助育人长效机制。基于此,笔者将从感恩教育的层次性和结构性论述感恩教育视角下资助育人长效机制的实现方式,并在此基础上阐释、总结资助育人长效机制与感恩教育之间的逻辑关系。

(一)感恩教育的层次性和结构性

感恩教育层次性显著,分为"识恩、知恩、感恩、报恩"四个阶段。在"识恩"阶段,教育需注重认知层次,使学生识别所得帮助并产生认同感;"知恩"阶段则着眼于情感层次,引导学生理性、感性地认知受助,并培养认同感和愉悦感;而"感恩"和"报恩"则是实践层次的教育,通过理论与实践相结合引导学生提升思想道德品质,培养感恩、报恩品质。整体而言,资助工作需要逐步培养感

恩意识,引导学生将所受帮助转化为积极行动,从而实现资助工作从学生"受助—自助"到"受助—自助—助人"的转变,进而实现资助长效育人。

感恩教育的人际结构由施恩者、善意与善行、受惠者、感恩之情与报答行动四要素构成。[①] 此结构要求善意与善行是自愿的,不图回报,受惠者的感恩之情与报答行动也应是自愿的。在这个循环结构中,善意与善行激发感恩之情,从而引导报答行动。若存在图回报的善意与善行,感恩之情与报答行动便难以自然而然产生。感恩的心理结构则聚焦于感恩的人际结构的后端,是一个由情、理、行组成的综合性结构。其中,善意与善行激发感恩之情,实现报答行动,同时"理"和"情"交织,构成感恩的内隐部分,而"行"则是外显的部分。因此,从学生角度出发,只有符合学生需求的善意与善行才能激发感恩之情,促成自然的报答行动,实现资助育人目标。

总体而言,感恩教育在高校资助育人机制中的应用要注重层次性和结构性特点。通过循序渐进的方式培养学生的感恩意识,引导其由"受助—自助—助人",实现资助工作的长效育人效果。同时,教育工作者需警惕"直觉性"感恩教育模式,确保善意与善行是自愿的,避免追求回报的行为。这样的结构性安排有助于从学生主体视角出发,切实实现感恩教育在高校资助育人机制中的理论构建和实践推动。

(二)将感恩教育的层次性和结构性融入资助育人体系的运行机制

资助育人体系运行机制是实现育人目标的规则、流程和途径,包括经济救助、智力援助和精神扶志三方面。将感恩教育的层次性和结构性融入资助育人体系的运行机制,主要指感恩教育工作者将感恩认知、感恩情感和感恩实践融汇到学生资助全过程、各环节,使得教师和学生两个主体在资助育人过程中的情感活动、实践活动相互衔接,进而达到事半功倍的效果。[②]

真正的感恩应具备自然性和主动性,且自然和主动的感恩才会有助于长

---

① 高德胜.感恩教育:从直觉到自觉[J].中国教育学刊,2019(3):89-96+102.
② 曾振华.精准扶贫背景下高校资助工作中全程化感恩教育探究[J].教育观察,2018,7(5):24-25+28.

效资助育人机制的运行。高校教育工作者在制定、实施、宣传政策时,应创新地整合感恩元素,根据教育情境和学生状况制定有针对性的内容,使学生在感恩认知、情感和实践上达成一致。

在资助申请阶段,需通过隐性方式实施知恩和识恩教育,强调平等对等关系。制定资助政策时,可融入激发感恩情感的实践要求,通过实践让学生产生感恩情感,形成相应的认知。对于家庭困难学生,应注重培养其自我教育能力,激发内部动机,使其具备感恩体验的同时回馈社会。

在学生资助落实阶段,资助教育工作者应采取隐性和显性相结合的方式,实施感恩教育。对于不同学生,要充满信心、公正对待,对家庭经济困难学生需给予足够的关爱。在资助措施的落实过程中,通过开展感恩实践活动激发学生内心的感恩情感,引导其进行感恩回报行动。此外,优化育人环境,营造感恩文化氛围,通过各种方式宣传和讲解感恩意识,强调正面激励和反面惩戒,以树立榜样,推动学生表达对国家、社会、学校、父母、老师的感激之情。

(三)新时代背景下受助与知恩感恩关系探讨

在新时代背景下,受助与知恩感恩是否必然关联的问题,涉及学生主体视角的多元性。传统观念中,接受帮助的个体被认为有义务表达感激之情,形成知恩感恩的关系。然而,现代社会强调个体独立性和自主选择权,学生的态度可能受到文化、家庭、社会经验等因素的影响。社会关系的变化、社会价值观念的转变也影响了受助与知恩感恩之间的关系。在这一背景下,学生受助后是否表达感激之情可能更受到个体对社会关系的理解和定义的影响。

尽管新时代的趋势可能使得受助与知恩感恩之间的关联性相对减弱,但是我们不能否认知恩感恩在人际交往中的重要性。感激之情有助于建立良好的人际关系,促进社会和谐。同时,知恩感恩也是一种道德价值观,有助于培养个体的社会责任感和奉献精神。虽然学生主体视角的多元性可能使得这种关系不再是必然的,但在社会和个体层面,仍然存在推动这种关系的力量。

综合来看,学生主体视角对于受助与知恩感恩关联性的影响具有复杂性和多元性。尽管在一些情况下这种关联性可能减弱,但在维护社会和谐、培养个体社会责任感的层面上,知恩感恩仍然具有不可替代的价值。因此,我们需要更深入地研究学生主体视角的形成和演变,以更全面地理解受助与知恩感恩之间的关系在新时代背景下所发生的动态变化。

(四)资助育人长效机制与感恩教育之间的逻辑关系

整体而言,资助育人长效机制与感恩教育之间的逻辑关系主要体现为:一方面,感恩教育通过"识恩、知恩、感恩、报恩"四个层次,以循序渐进的方式培养学生的感恩意识与感恩情怀;另一方面,感恩教育应从学生的角度出发,不将学生感恩报恩视为理所当然,为学生提供善意且无压力的帮扶,自然而然地激发学生的感恩之情。高校应将感恩教育的层次性和结构性融入资助育人的运行机制,形成"受助—自助—助人"资助模式,进而构建资助育人的长效机制。具体而言,资助育人长效机制与感恩教育之间的逻辑关系如图1所示。

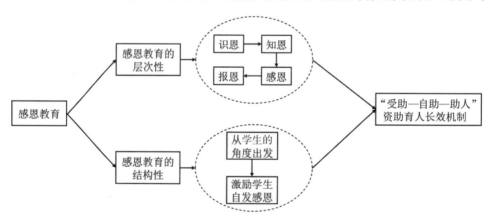

图1 资助育人长效机制与感恩教育之间的逻辑关系

五、结语

感恩教育是以回馈为中心的教育,感恩教育促进了资助工作中"受助—自助—助人"的良性循环,对构建高校资助育人长效机制具有重要意义。然现阶段高校资助育人体系中的感恩教育工作仍任重而道远,需要教育工作者注重人文关怀,做到将感恩教育的层次性和结构性融入资助育人体系的运行机制,从而激发学生产生感恩情感,形成正确的感恩认知,做到聚己之力感恩回报国家、社会,进而推进高校资助育人长效机制建设。

文化育人

中华优秀传统文化引领大学生自我发展：价值意蕴、内在逻辑与路径选择

朱建平　刘宇岚

摘　要：中华优秀传统文化引领大学生自我发展，表现为价值意蕴、内在逻辑与路径选择三个维度的辩证统一，彰显出中华优秀传统文化之于大学生群体的时代价值。价值意蕴从"为什么"的角度出发，表现为大学生成长成才的内在需要、中华民族发展进步的客观要求、应对外来文化冲击的必然选择三方面原因；内在逻辑从"是什么"的角度出发，表现为锤炼个人道德修养、建立与他人的和谐关系、树立成才报国的理想信念三方面内涵；路径选择从"怎么做"的角度出发，表现为将马克思主义关于自我发展的理论与中华优秀传统文化相结合、发挥教育合力以促进中华优秀传统文化对大学生自我发展的影响、转化并发展中华优秀传统文化进而为大学生自我发展赋能三方面理路。

关键词：中华优秀传统文化；引领；大学生自我发展；价值意蕴；内在逻辑；路径选择

党的二十大报告强调，中华优秀传统文化源远流长、博大精深，是中华文明的智慧结晶，同科学社会主义价值观主张具有高度契合性。[①]我国大学生的

基金项目：北京市习近平新时代中国特色社会主义思想研究中心项目"中国共产党红色基因传承研究"（项目编号：20LLZZC067）。

作者简介：朱建平，北方工业大学马克思主义学院教授；刘宇岚，北方工业大学马克思主义学院硕士研究生。

① 习近平.高举中国特色社会主义伟大旗帜 为全面建设社会主义现代化国家而团结奋斗——在中国共产党第二十次全国代表大会上的报告[N].人民日报，2022-10-26.

自我发展不仅需要科学社会主义价值观的指导,还需要中华优秀传统文化的引领。以儒家文化为代表的中华优秀传统文化是中华民族创造的最宝贵精神财富之一,对大学生自我发展具有重要启迪意义。就中华优秀传统文化引领大学生自我发展进行深入研究,有利于用中华民族创造的精神财富来以文化人、以文育人①,在加深大学生对中华优秀传统文化认知、继承和弘扬的基础上,促进大学生实现全面发展,进而助力其成长为堪当民族复兴重任的时代新人。

一、中华优秀传统文化引领大学生自我发展的价值意蕴

中国特色社会主义进入新时代以来,我们比历史上任何时期都更接近、更有信心和能力实现中华民族伟大复兴的目标②,而新时代的中国大学生也已经担负起实现中国梦的历史使命和全面建设社会主义现代化国家的时代重任。在大学生不断自我发展,进而成长为中国梦实现者的过程中,中华优秀传统文化起到引领作用。中华优秀传统文化引领大学生自我发展的价值意蕴在于大学生成长成才的内在需要、中华民族发展进步的客观要求、应对外来文化冲击的必然选择。

(一)大学生成长成才的内在需要

中华优秀传统文化引领大学生自我发展,最为直接的价值在于促进大学生自身成长成才。中华优秀传统文化是中华民族最深厚的文化软实力,也是中国特色社会主义植根的文化沃土,在中国特色社会主义新时代的重要性日渐显现。然而,中华优秀传统文化对大学生自我发展的影响力还远远不足,这就凸显出注重中华优秀传统文化的意义,换言之要使其在大学生自我发展中发挥出应有的引领作用。

---

① 习近平在全国高校思想政治工作会议上强调:把思想政治工作贯穿教育教学全过程 开创我国高等教育事业发展新局面[N].人民日报,2016-12-09.
② 习近平.高举中国特色社会主义伟大旗帜 为全面建设社会主义现代化国家而团结奋斗——在中国共产党第二十次全国代表大会上的报告[N].人民日报,2022-10-26.

一方面,从大学生的知识结构来看,以"95后""00后"为主体的大学生群体个性鲜明,他们成长于互联网兴起并逐步发展的时代,所接触的信息愈发呈现出海量化、快餐化、碎片化的特征,因而大学生的知识结构更加侧重于对新鲜且非连贯性事物的掌握,相反对以中华优秀传统文化为代表的传统且系统类的知识鲜少涉及,不利于大学生的自我发展。此外,受曾经的应试教育影响,学校、家长乃至学生自身都更倾向于关注各学科的考试成绩,忽视了对中华优秀传统文化以及相关知识的教育和学习。中华优秀传统文化深入高等教育能够帮助大学生调整知识结构、克服应试教育的弊端,让中华优秀传统文化能够真正深入人心,以中华文明的智慧帮助大学生更好、更全面地进行自我发展。

另一方面,从大学生的思想品德素质来看,当今社会各种价值观念冲突碰撞,道德失范现象屡见不鲜,各种不良社会风气涌入大学校园,使得部分大学生出现了不同程度的道德迷惘甚至错位,进而出现了通宵熬夜、旷课逃学、举止不雅,甚至违法犯罪等行为,严重拉低了大学生的思想品德素质,甚至危害了他们的身心健康,对大学生实现自我发展有百害而无一利。因此,新时代的大学生亟待正确观念的引领。而中华优秀传统文化,尤其是以仁、义、礼、智、信为代表的中华传统美德为大学生的道德践履提供了重要示范,为提升大学生思想品德素质、引领大学生自我发展,并在此基础上促进他们成长成才起到了关键的引领作用。

(二)中华民族发展进步的客观要求

中华优秀传统文化引领大学生自我发展,根本在于为中华民族发展进步贡献力量。中华民族的发展进步需要中华优秀传统文化在促进大学生成长成才的基础上,在引领大学生不断自我发展的过程中,使他们成长为实现中华民族伟大复兴的生力军。

习近平总书记指出,"向上向善的文化是一个国家、一个民族休戚与共、血脉相连的重要纽带。"[①]作为连接中华民族的纽带,中华传统文化历经数千年的

---

① 习近平.习近平谈治国理政·第四卷[M].北京:外文出版社,2022.

洗礼仍生生不息,在历史长河中沉淀出强大的生命力,深深烙印在中华民族的血脉之中。在一代代深受中华优秀传统文化哺育的中华儿女中,我国新时代的大学生肩负着实现民族复兴的重任,他们的自我发展能够在很大程度上推动中华民族的发展与进步。由此可见,中华优秀传统文化引领大学生自我发展,是以中华民族的文化根脉和民族之魂为勇担民族复兴大任的时代新人赋能,进而推动中华民族发展进步的过程。

进一步而言,推动中华民族的发展进步,从客观上要求在大学生群体中,加大对中华优秀传统文化的教育力度。习近平总书记在同北京师范大学师生代表座谈时的讲话中强调了教育的重要性,即教育是"对中华民族伟大复兴具有决定性意义的事业"①,不仅如此,教育还承担着传承并发展中华优秀传统文化的功能,因此,中华优秀传统文化能够通过教育这一途径,促进中华民族伟大复兴的实现。相较于中小学生群体,大学生学识更广,学习能力更强,世界观、人生观、价值观也更加成熟,因而大学生能够在教育的助力下,更好地理解并运用中华优秀传统文化,在实现自我发展的过程中为建设社会主义文化强国积蓄力量。通过加大对中华优秀传统文化的教育、研究和传播力度,可以提升其对大学生自我发展的引领作用,使大学生以中华优秀传统文化厚植文化自信,坚定对中华民族的自豪感和自信心,不断成长为实现中华民族伟大复兴的生力军,进而以中华优秀传统文化推进实现中华民族伟大复兴的进程。

(三)应对外来文化冲击的必然选择

中华优秀传统文化引领大学生自我发展,有利于应对外来文化的冲击。以中华优秀传统文化浸润大学生的世界观、人生观、价值观,才能起到固本培元的作用,确保大学生在自身成长成才以及推动中华民族发展进步的基础上,能够在自我发展的过程中更好地抵御和应对外来文化冲击。

在世界各国联系不断增强、全球意识不断崛起的背景下,外来文化尤其是西方资本主义国家的文化,给中国人民带来了强烈冲击。经济全球化并非意

---

① 习近平.做党和人民满意的好老师——同北京师范大学师生代表座谈时的讲话[N].人民日报,2014-09-10.

味着文化一体化,然而部分西方资本主义发达国家企图以自身文化的优越感,利用先进技术制作的电影、歌曲等媒介形式对发展中国家进行文化渗透和意识形态渗透。外来文化需要辩证看待,其固然有正面价值,但就其负面影响而言,我国大学生作为外来文化的主要接受群体,已然受到外来文化中消极因素的严重侵蚀,大学生的自我发展也受到了严重威胁。外来文化中的拜金主义、享乐主义、极端个人主义等给我国大学生的思想带来了强烈冲击,表现为功利观念、信仰危机、诚信缺失、责任意识淡薄等。具体而言,部分大学生我行我素、缺乏历史使命感和时代责任感,使得优秀的传统价值观念受到严重挑战;更有甚者,部分大学生潜移默化地认可了外来文化,抵触本土文化甚至削弱对国家的认同,逐渐在自我发展的过程中迷失了方向。

在这样的情形下,加强中华优秀传统文化对大学生自我发展的引领就显得至关重要。面向大学生进行中华优秀传统文化相关知识的教育,能够帮助他们在乱花渐欲迷人眼的外来文化洪流中站稳脚跟。中华优秀传统文化可以引导大学生明辨是非曲直,使其清楚认识到西方资本主义国家的价值观并非新事物,其中很多元素不适应社会历史发展的趋势,不仅在其自我发展的过程中缺乏借鉴价值,也必将被人类历史所淘汰。在此基础上,通过中外文化的对比,可以促使大学生认同并践行社会主义核心价值观、坚定中国特色社会主义文化自信。唯有如此,大学生才能够自觉抵御外来文化的冲击,不断增强民族认同感,强化作为"想象的共同体"的国家概念,最终实现正向化的自我发展。

二、中华优秀传统文化引领大学生自我发展的内在逻辑

崇尚精神是中华民族的优良传统,早在汉代成书的《礼记》中就提出"修身、齐家、治国、平天下"的思想,蕴涵着个人处世、家庭亲友和国家天下三个层次,指引着古人进行自我修炼。与古人自我修炼的逻辑相同,在中华优秀传统文化的熏陶下,大学生自我发展也呈现出三个层次的内涵,即中华优秀传统文化从个人处世层面引领其锤炼个人道德修养,从家庭亲友层面引领其建立与他人的和谐关系,从国家天下层面引领其树立成才报国的理想信念。

(一)中华优秀传统文化引领大学生锤炼个人道德修养

从大学生的个人处世来看,中华优秀传统文化强调个人道德修养,呼吁青年群体要立大志、常自省、求严谨,提倡刚健自强的精神品格和增厚美德的人生追求等,为大学生锤炼个人道德修养提供了精神养料。

《论语》中有云,"子曰:三军可夺帅也,匹夫不可夺志也",着重强调立大志的重要意义,也正如苏轼在《晁错论》中所言:"古之立大事者,不惟有超世之才,亦必有坚忍不拔之志。"中华优秀传统文化中的立志观念引领大学生树立远大志向,当代大学生的志向抱负应着眼于将个人理想与社会理想相结合,并做到二者的辩证统一。立大志的观念要求大学生做到"仰望星空",通过树立远大志向进而充分激发自身的主观能动性。而常自省、求严谨的观念则要求大学生做到脚踏实地,从小事做起、从实事做起,通过内化于心、外化于行的方式实现远大志向。就常自省的观念而言,中华优秀传统文化指出在遭遇挫折和失败时,要"不怨天,不尤人",应当"君子求诸己,小人求诸人",从自身寻找原因,进而力求战胜挫折失败、不断努力以走向成功。就求严谨的观念而言,中华优秀传统文化强调做学问要认真严谨,不仅要"博学而笃志,切问而近思",还要"温故而知新",进而促进知识的掌握。

在立大志、常自省、求严谨的基础上,中华优秀传统文化引领大学生锤炼刚健自强的精神品格并增厚美德。刚健自强是中华传统文化的基本精神之一,与刚健自强精神相关的古语有"发强刚毅,足以有执也""精诚所至,金石为开"等。再如《周易》指出,"天行健,君子以自强不息""地势坤,君子以厚德载物",倡导君子要效仿天地万物运行之规律,在不断自新的同时做到容载万物,进而增厚自身美德,由此提炼出的"自强不息、厚德载物"思想日后也成了清华大学的校训,为清华学子乃至全国大学生的自我发展提出了明确指引和殷切期望。

(二)中华优秀传统文化引领大学生建立与他人的和谐关系

从大学生与家庭亲友乃至陌生人的关系来看,中华优秀传统文化强调与他人建立和谐关系,重点强调一个"和"字,对内如家和万事兴,对外如和气生财。中华优秀传统文化中对个人与父母师长、兄弟姊妹、同侪好友等社会关系的阐述,为大学生建立与他人的和谐关系提供了思想基础。

对待父母,中华优秀传统文化提倡百善孝为先,《孝经》指出孝的根本性地位,"夫孝,德之本也,教之所由生也",作为家庭内部的伦理道德观念,孝还要求子女做到敬和无违。对待师长,《吕氏春秋》即云"疾学在于尊师",将尊敬师长视为求得知识的决定因素,姜子牙的"一日为师,终身为父"亦阐发出师长之于学生的重要意义。对待兄弟姊妹,《三字经》概括出"兄则友,弟则恭"的相处之道,《诗经》描绘出"兄弟既翕,和乐且湛"的动人情景,李清照在《蝶恋花》中通过词句抒发出对姊妹"泪湿罗衣脂粉满"的思念之情。对待好友,要秉持"人生贵相知,何必金与钱"的观念,做到"与朋友交,言而有信"。与他人相处,《论语》提倡"己所不欲,勿施于人""君子成人之美"等美德,充分体现出"和"的价值理念。

马克思在《关于费尔巴哈的提纲》中指出,"人的本质不是单个人所固有的抽象物,在其现实性上,它是一切社会关系的总和。"① 中华优秀传统文化对建立与他人和谐关系的论述,指导大学生维护好自身的社会关系,进而能够引领大学生作为个体人的本质的发展。而大学生自我发展本身就包含着社会关系发展,二者形成整体与部分的辩证关系,即不可分割、相互影响,这也进一步印证了中华优秀传统文化能够通过促进社会关系发展,引领大学生自我发展。

(三)中华优秀传统文化引领大学生树立成才报国的理想信念

从大学生与国家天下的关系,即从大学生的家国情怀来看,中华优秀传统文化在强调锤炼自身的基础上呼吁为国家的发展进步鞠躬尽瘁,提倡经世济民、家国情怀等思想,为大学生树立成才报国的理想信念提供了鲜明指引。

---

① 马克思,恩格斯.马克思恩格斯选集(第1卷)[M].北京:人民出版社,2012.

《新时代的中国青年》白皮书指出,"青年一代有理想、有本领、有担当,国家就有前途,民族就有希望"①,进而可以推演出青年锤炼自身之于成才报国的重要意义。中华优秀传统文化中,锤炼自身与成才报国时常同时出现:例如《孟子》有云"穷则独善其身,达则兼济天下",鲜明地指出了人在不同处境时的自我发展要求,将"独善其身"的自修观念与"兼济天下"的家国情怀相结合;再如《庄子》首次提出"内圣外王"的人格观念,体现出对内和对外的不同理想追求。锤炼自身与成才报国的观念相统一,指引着大学生在青春的赛道上奋力奔跑,不断成长成才,进而为祖国建功立业。大学生自我发展要兼顾锤炼自身与成才报国,并将成才报国视为主要矛盾,做到两点论和重点论相统一。

成才报国作为大学生自我发展的最高境界,亦能够在中华优秀传统文化中寻得遵循。从"先天下之忧而忧,后天下之乐而乐"的情怀,到"居庙堂之高则忧其民,处江湖之远则忧其君"的忧思,再到"苟利国家生死以,岂因福祸避趋之"的豪情等,中华优秀传统文化蕴含的大量经世济民思想,将以爱国主义为核心的民族精神体现得淋漓尽致,并成为中华传统文化中亘古不变的主旋律。在中国特色社会主义新时代,中华优秀传统文化中的家国精神鼓舞大学生将个人前途与国家民族命运相联系,"胸怀'国之大者',担当使命任务,到新时代新天地中去施展抱负、建功立业,争当伟大理想的追梦人,争做伟大事业的生力军,让青春在祖国和人民最需要的地方绽放绚丽之花"②。

三、中华优秀传统文化引领大学生自我发展的路径选择

中华优秀传统文化引领大学生自我发展,最真切之处就是要确保大学生借力中华优秀传统文化,成长为德才兼备的社会主义建设者和接班人。在路径选择上要将马克思主义关于自我发展的理论与中华优秀传统文化相结合,发挥教育合力以促进中华优秀传统文化对大学生自我发展的影响,转化并发展中华优秀传统文化进而为大学生自我发展赋能。

---

① 中华人民共和国国务院新闻办公室.新时代的中国青年[M].北京:人民出版社,2022.

② 习近平.在庆祝中国共产主义青年团成立100周年大会上的讲话[N].人民日报,2022-05-11.

（一）将马克思主义关于自我发展的理论与中华优秀传统文化相结合

习近平总书记在庆祝中国共产党成立100周年大会上的讲话中首次提出"两个结合"，即"坚持把马克思主义基本原理同中国具体实际相结合、同中华优秀传统文化相结合"①，突出马克思主义基本原理同中华优秀传统文化相结合作为一条基本经验，在马克思主义中国化历史进程中的重要性。中华优秀传统文化引领大学生自我发展，在路径选择上要将马克思主义关于自我发展的理论与中华优秀传统文化相结合，并不断挖掘二者的相容之处，进而助力大学生自我发展。

马克思主义关于自我发展的理论与中华优秀传统文化具有异曲同工之妙和内在统一性，例如马克思主义关于自我发展的理论认为"人是对象性的、感性的存在物"②，随着自我的发展和认识的深化，对象世界愈发表现为作为认识者的自我，人与对象世界的斗争性促使主客之间相互融合，达到人与对象世界矛盾的彻底瓦解，产生物我相容的统一体状态。③ 这一观念与中华优秀传统文化中"天人合一"的思想不谋而合，故只有将自我发展与对象世界的变化相结合，才能抵达"天地运而相通，万物总而为一"④的境界。人与对象世界的关系是马克思主义理论中关于自我发展起因的哲学思考，因此应该将该观点与天人合一的思想相结合，引领大学生将个人与社会融为一体，将个人理想与社会理想相结合，在为社会创造价值的过程中实现自我发展。

个人与社会的辩证关系是中华优秀传统文化中经久不衰的议题，二者的关系与马克思主义关于自我发展的理论相呼应，认为不存在自我与社会在本体论上的绝对对立，强调自我价值是自我与社会相统一的价值。⑤ 此外，马克思主义理论将自由而全面的发展视为自我发展的目标，与中华优秀传统文化中自我修炼的导向思想相结合，亦对引领大学生自我发展具有指导意义。

---

① 习近平.在庆祝中国共产党成立100周年大会上的讲话[N].人民日报,2021-07-02.
② 马克思,恩格斯.马克思恩格斯全集(第3卷)[M].北京:人民出版社,2002.
③ 张君博.思想政治教育视角下大学生自我发展研究[D].西安:陕西师范大学,2019.
④ 陈广忠译注.淮南子[M].北京:中华书局,2016.
⑤ 罗国杰.伦理学[M].北京:人民出版社,2015.

（二）发挥教育合力以促进中华优秀传统文化对大学生自我发展的影响

恩格斯的历史合力论认为,许多单个意志的相互冲突产生出一种合力,即历史结果。① 历史合力论为综合各种教育提供了理论遵循,也对中华优秀传统文化引领大学生自我发展的路径选择有着重要指导,即要充分发挥教育合力,提升中华优秀传统文化对大学生自我发展的影响力和引领作用。

教育合力形成的协同运行方式体现为:教育工作队伍主体的整合,多元化教育内容和方法的结合,学校、家庭、社会教育活动的配合,线上线下教育渠道的融合等。通过以上方式的协调与配合,能够将中华优秀传统文化在不同场合、通过不同的教育者、以不同的角度和程度,多次传授给不同的受教育者,达到因人而异的教育效果。其中,学校、家庭和社会统摄了大学生学习生活的方方面面,因而三者相配合是最为宏观的运行方式。要构建学校教育、家庭教育、社会教育各子系统内部的互动体系,以及学校与社会、学校与家庭、社会与家庭相互协同运作的互动体系②,进而在最大程度上优化中华优秀传统文化对大学生的教育效果。

通过上述协同运行方式促进教育合力的发挥,能够使大学生接受中华优秀传统文化的熏陶和教育,在潜移默化中接受中华优秀传统文化对其性格、品行、观念、理想等方面进行优化或重塑,最终实现引领大学生正向化自我发展的目的。2017年2月,中共中央、国务院印发了《关于加强和改进新形势下高校思想政治工作的意见》,提出了"三全育人"的教育要求。高校通过发挥教育合力,促进大学生对中华优秀传统文化的学习和掌握,能够呼应全员育人、全程育人、全方位育人的要求。除此之外,高校还可以根据教学实际,通过多样化的方式,就大学生对中华优秀传统文化的掌握程度进行阶段性诊断,并根据诊断结果在教学上进行有针对性的调整,确保中华优秀传统文化对大学生的教育效果和对大学生自我发展的引领作用。

---

① 马克思,恩格斯.马克思恩格斯选集(第4卷)[M].北京:人民出版社,2012.
② 甘均良.试论大学生思想政治教育合力机制的价值功能及构建[J].中国高教研究,2007(5):82-83.

（三）转化并发展中华优秀传统文化进而为大学生自我发展赋能

党的十八大以来，习近平总书记多次强调"推动中华优秀传统文化创造性转化、创新性发展"①，"两创"方针紧密连接、互融共进，启示着中华优秀传统文化引领大学生自我发展，在路径选择上要转化并发展中华优秀传统文化，进而为大学生自我发展赋能。

一方面，要推动中华优秀传统文化创造性转化，即要在充分继承中华优秀传统文化的基础上，将其转化为促进大学生自我发展的力量。首先需要做到"不忘本来"，即尊重历史，以历史唯物主义视角和辩证否定观看待传统文化，提炼出其中适应时代发展的部分加以继承，使其成为引领大学生自我发展的重要遵循；其次需要做到"吸收外来"，即汲取外来文化中有利于大学生自我发展的因素，如保护人权和隐私、尊重女性群体的地位、鼓励发挥个人才能等，使其成为引领大学生自我发展的必要补充；最后需要做到"面向未来"，即根据中国具体实际和大学生自我发展的具体情况，以社会主义核心价值观为基础，根植中华优秀传统文化，补充外来文化中的积极因素，结合社会主义先进文化、革命文化等，将中华传统文化创造性地转化为具有思想政治教育意义、适应大学生正向化自我发展、具有中国特色且有助于推进中华民族伟大复兴的优秀文化。

另一方面，要推动中华优秀传统文化的创新性发展，即要在理论和实践中发展中华优秀传统文化，进而对引领大学生自我发展起到助力作用。在理论和实践中推动中华优秀传统文化的创新性发展，既包括在推进和拓展中国式现代化的进程中将中华优秀传统文化推陈出新、赋予其生动的时代内涵；也包括面向大学生弘扬中华优秀传统文化，促进他们对其的理解、掌握和运用，进而使中华优秀传统文化在引领大学生自我发展的过程中得到进一步发展。综上所述，中华优秀传统文化与大学生自我发展密不可分，转化并发展中华优秀传统文化可以为引领大学生自我发展赋能，而大学生自我发展亦可以反哺中华优秀传统文化，形成相互促进的良性循环。

---

① 习近平.习近平谈治国理政·第三卷[M].北京：外文出版社，2020.

四、结语

习近平总书记于2022年4月在中国人民大学考察调研时强调,"'为谁培养人、培养什么人、怎样培养人'始终是教育的根本问题。"①中华优秀传统文化引领大学生自我发展,是为了培养拥护中国共产党领导和我国社会主义制度、顺应历史发展趋势、德智体美劳全面发展、立志为中国特色社会主义事业奋斗终生的时代新人。

在全面建设社会主义现代化国家的新征程上,中国共产党对中华优秀传统文化的重视程度已经达到了前所未有的高度,中华优秀传统文化引领大学生自我发展也愈发显现出深刻的时代价值。因此,我们有理由坚信,中华优秀传统文化必将在我们党向第二个百年奋斗目标进军的新征程上为新时代中国大学生的自我发展指明清晰的方向,进而为实现中华民族伟大复兴的中国梦贡献源源不断的人才力量!

---

① 习近平在中国人民大学考察时强调 坚持党的领导传承红色基因扎根中国大地 走出一条建设中国特色世界一流大学新路[N].人民日报,2022-04-26.

新时代廉政文化融入大学生思想政治教育研究

李芳芳　张　杰

摘　要: 高校是为党育人、为国育才的重要阵地,加强校园廉政文化建设有利于学生形成正确的价值观、塑造风清气正的校园文化,是高校落实立德树人的关键环节。作为一名辅导员,可以通过充分挖掘中国廉政文化基因、创新思政教育形式、营造风清气正的校园氛围、引导学生练就过硬本领等途径将新时代廉政文化融入大学生思想政治教育。

关键词: 廉政文化;思政教育

中国古人将"清""慎""勤"奉为为官的金科玉律,"清"为清廉、清白,是官员从政的基本出发点,是历代贤吏的最基本的品格。[①]中国共产党自成立以来,始终坚持廉政。特别是党的十八大以来,党中央高度重视倡廉教育和廉政文化建设,一体推进不敢腐、不能腐、不想腐,取得了显著成效。

培育新时代中国青年,落实立德树人根本任务,是高校工作的重中之重,事关党的事业薪火相传和长远发展。高校廉政文化建设有利于学生形成正确的价值观、塑造风清气正的校园文化,是高校落实立德树人的关键环节。在经济全球化、信息化、一体化的背景下,高校像一个信息收集中心,快捷、迅速地接收着全世界的思想文化,海纳百川,有利于开阔学生的视野。但这些信息中

作者简介: 李芳芳,江苏师范大学法学院,助教;张杰,江苏师范大学法学院,助教。

① 中共江苏省纪律检查委员会,范金民.江苏历代贤吏为官之道[M].南京:江苏人民出版社,2021.

难免会含有消费主义、享乐主义、攀比主义等不良导向。当前大学生思想可塑性强,思维活跃,思想开阔,善于表达,但自主性强,易以自我为中心,容易受不良思潮的影响。不良信息冲击着学生们的道德操守,使高校廉政文化建设面临严峻的考验,作为一名辅导员,引导大学生扣好"廉政的第一粒扣子",便成为工作的重中之重。

一、新时代廉政文化融入大学生思想政治教育的必要性

(一)高校思政育人的需要

高校肩负着为党育人、为国育才的重要使命。立德树人是教育的根本任务,是民族复兴之基,是高校立身之本。改革开放以来,高等教育由原来的精英教育发展为大众教育,承担着人才培养、服务社会的重要职责,当前世界正处于百年未有之大变局,各种文化思想不断交流碰撞,大学生思想尚未成熟、时刻面临多元文化冲击、易受不良风气影响,由个人主义滋生的享乐主义、拜金主义与奢靡之风会造成大学生在诚实守信、责任意识与纪律感等道德方面的失守,影响学生的学习热情与校园良好道德风尚的形成①,对大学生的成长与发展有着极大的危害,新时代将廉政文化融入大学生思想政治教育,是高校思政育人的需要。

(二)学生全面发展的需要

大学生正处在世界观、人生观、价值观形成的关键时期。这一时期,大学生受什么样的教育,关系着大学生的健康成长,也关系着大学生毕业后能否胜任各自的工作岗位。② 未来学生无论是在立法、司法还是行政部门工作,用这些机构关乎党和国家的公信力,从业者必须具备深厚的专业素养、高尚的道德

---

① 符晓娇. 个人主义思潮对大学生价值观的影响及其对策[J]. 学理论,2015(3):240-241.

② 吕铮铮. 深化社会主义核心价值观教育[N]. 吉林日报,2018-09-07.

品格、高度的敬业精神、廉洁的自律思想①,而这些正是廉政文化所涉及的内容,也是大学生全面发展的需要。

二、新时代廉政文化融入大学生思想政治教育的重要意义

(一)新时代廉政文化融入大学生思想政治教育符合人才培养目标

"培养什么人、怎样培养人、为谁培养人"是教育的根本问题,立德树人成效是检验高校一切工作的根本标准。廉政文化与思想政治教育在内涵和目标上具有耦合性和一致性。② 廉政文化作为社会主义文化的重要组成部分,蕴含着大量的思政文化内涵,有助于培养中国特色社会主义事业需要的德才兼备的优秀人才。

新时代的大学,是根植于中国大地、立足于时代需求、服务于社会发展的"红色大学"。新时代廉政文化是扎根于中华优秀传统文化、革命文化和社会主义先进文化的中国智慧,用中华优秀传统文化涵养克己奉公、清廉自守的精神境界,用革命文化淬炼公而忘私、甘于奉献的高尚品格,用社会主义先进文化培育为政清廉、秉公用权的文化土壤③,启发大学生的聪敏之门,滋润大学生的内心世界,有助于引导学生树立正确的理想、坚定的信念。这不仅是青年成长成才立身之本,更是大学生面对各种诱惑时仍能坚守初心的坚实基础。

(二)新时代廉政文化融入大学生思想政治教育有助于提升高校育人的全面性

如今的大学既是肩负"为党育人、为国育才"使命的育人场域,也是社会多元价值交锋交融的社会场域。当代大学生思想尚不成熟,立场尚不坚定,容易

---

① 董瑛,吴国干.清廉浙江建设:党的自我革命的省域实践[J].国家治理,2022(24): 31-37.

② 宋志彬,张秀梅.研究生创新能力培养与思想政治教育耦合研究[J].佳木斯大学社会科学学报,2019,37(4):171-173+179.

③ 秦素玲.浅谈高校廉政文化建设[J].决策探索(下),2018(2):63-64.

认同权力至上、金钱至上、享乐主义等不良思想。新时代廉政文化融入大学生思想政治教育,有助于提升高校育人的完整性,提升育人的全面性,推进"时代新人铸魂工程"走深走实。①

习总书记曾说"有德有才是正品,有德无才是次品,无德无才是废品,无德有才是毒品"②,高校既要赋予大学生社会生存能力、赋予大学生知识与智慧,更要赋予大学生良好品德。新时代廉政文化融入思想政治教育,有助于培养有理想、有本领、有担当、对社会有用的德智体美劳全面发展的人才和社会需要的中坚力量。

(三)新时代廉政文化融入大学生思想政治教育有助于营造风清气正的校园文化氛围

中国特色社会主义大学的廉政文化建设要旗帜鲜明地维护和坚守马克思主义在思想领域的主导地位,用马克思主义中国化最新成果武装头脑,以社会主义核心价值观为大学文化的底色,将社会主义核心价值观的内涵融入学风建设、校园文化建设、学生行为准则等,不断创新校园廉政文化建设的形式和内容,营造知荣辱、明道义、讲正气、促和谐的文化氛围,在潜移默化中起到润物无声的效果。③

把廉政因素融入校园文化建设,一方面要在这种校园文化氛围中潜移默化地影响学生,进而引导学生的日常行为;另一方面在校园管理机制中加入廉政因素,如文明、公平、正义等,进而实现校园文化建设制度和廉政文化的深度融合,形成风清气正的良好校园文化氛围。

---

① 贾轶,张军.新时代廉政文化融入高校大学生思想政治教育工作的研究[N].滁州日报,2023-08-29(A03).
② 习近平.在全国党校工作会议上的讲话.https://www.xuexi.cn/lgpage/detail/index.html?id=6525231721891142004.
③ 李海涛.大学生社会主义核心价值观培育.https://www.xuexi.cn/lgpage/detail/index.html?id=8937602928787212394.

三、新时代廉政文化融入大学生思想政治教育的路径分析

（一）充分挖掘中国廉政文化基因，阶段性分年级加强廉政文化教育

辅导员要主动丰富廉政文化知识储备，充分挖掘中华优秀传统文化、革命文化、社会主义先进文化中的廉政文化思政元素，做大学生赋能赋智赋德的施工员。深入挖掘中国传统文化中的廉政基因，如范仲淹"常调官好做，家常饭好吃"的廉政奉公思想；徐九思"勤则不隳，俭则不费，忍则不争"的立身之道；海瑞"萧条棺外无余物，冷落灵前有菜根"的一身正气；曾国藩"名利两淡，寡欲清心，一介不苟，鬼伏神钦"的清廉风范。在革命红色基因谱系中充分挖掘廉政基因，如焦裕禄"心中装着全体人民、唯独没有他自己"的公仆情怀；申纪兰"太行精神光耀千秋，纪兰精神代代相传"的初心坚守……从红船精神、长征精神，到延安精神、抗战精神、"两弹一星"精神，通过学习革命先辈们"国而忘家，公而无私"的风骨，以情化人、以理服人，增强思政教育的思想性与理论性、亲和力与针对性，坚定大学生的文化自信，从而引导大学生树立正确的世界观、人生观、价值观，坚定地走好一代人的长征路，书写无愧于新时代的答卷。

同时，面对不同年级的学生，遵循学生成长成才规律，有侧重性地为学生培根铸魂。大一新生入学教育中，增加红色主题廉政文化教育学习活动，引导学生先明理，树立正确的人生观、世界观、价值观。大二职业生涯规划课程中，增加革命先辈的廉洁事迹介绍，从而引导学生进行正确的职业规划。大三开始，将廉政文化融入大学专业学习。以法学生为例，其专业课程中蕴含着求真、务实、理性、节俭、守法、廉义等廉政文化教育的资源，可以把学科教学与廉洁育人相结合，达到共同培养学生廉洁品质的目标。① 对于即将毕业的大学生，从简历制作、面试技巧等入手，引导学生诚实守信，学会"做人"，激发他们的社会责任感。

---

① 赵淑明.新时期高校廉政文化建设育人思路研究[J],集宁师范学院学报,2021,43(6):63-67.

（二）创新思政教育形式，提升廉政文化教育实效性

大学廉政文化建设要创新思政教育形式，引导学生坚定理想信念，为大学生青春追梦做好服务工作。一方面，当代大学生思维活跃，适应能力强，个性张扬。只有不断创新思政教育的形式，才能更好地做好思想政治教育工作。需要充分利用品读式、研讨式、亲润式、感官式、体验式等多种教育方法①，开展主题班会、知识竞赛、演讲比赛、社会公益活动、辩论赛等多种形式的活动，从学生关注的时事热点和社会问题入手，从学生的视角出发，以情动人、以理服人、以心育人，为大学生"赋能、赋智、赋德"。引导学生增强文化认同感，坚定社会主义文化自信，充分认识校园倡廉教育和廉政文化建设的必要性和重要性。

另一方面，当代大学生普遍缺乏基层和艰苦复杂环境的锤炼，党性历练、社会阅历、工作经历比较单一，思想不成熟。只有鼓励他们俯下身去，到基层中去、到实践中去、到人民中去，才能运用所学、所思、所悟，在历练中经受风雨，在迷茫中促远见，在躁动中增踏实，在失望中孕希望，在实践中认识到新时代青年的社会责任，增强体验感、获得感，从而将廉政文化内化于心、外化于行。

（三）营造风清气正的校园氛围，涵养风清气正的育人环境

大学廉政文化建设要营造风清气正的校园氛围。作为辅导员，应做到学为人师，行为世范，加强大学生诚信教育，做大学生价值自觉的质检员。

习近平总书记所说的"老实人"，就是思想务实、生活朴实、作风扎实的人，就是尊重科学、尊重实践、尊重规律的人，就是诚实守信、言行一致、表里如一的人，就是勤勤恳恳工作、努力进取创造、任劳任怨奉献的人。做老实人要诚实守信、廉洁奉公，这是一种政治智慧、政治忠诚和政治品德的表现，也是党员干部起码的为政准则、做人原则和为官守则，更是当代大学生不断成长、走向

---

① 鞠忠美.在体验中理解感悟——高校思想政治理论课"体验式"教学的思考[J].齐鲁师范学院学报,2017,32(1):12-15.

成熟和稳步向前的"助推剂"。

在日常思想政治教育和日常事务管理中,辅导员既要学为人师,做好"经师",又要涵养德行,成为"人师"。坚守"捧着一颗心来,不带半根草去"的奉献精神,自我净化、自我完善、自我革新、自我提升,坚守精神家园、坚守人格底线、带头弘扬社会主义道德和中华传统美德,从自身做起,坚定杜绝贪污腐败行为,为大学生树立一个良好的榜样,以自身的模范行为影响和带动学生。

廉政文化是倡导廉洁、公正、诚信、务实的文化。大学生是未来公职人员的主要来源,学生的诚信水平直接关系到国家的诚信体系的建立。大学如果不把诚信教育放在首位,将来学生走向工作岗位又如何守住"廉政"的底线?要从入学教育、奖助学金评定、学风建设、助学贷款、学生干部管理到就业求职全过程加强大学生诚信教育。一方面,要加强大学生法治、德治教育,用社会主义的廉政先进文化感染他们,将社会行为规范以及诚信道德理论知识传授给他们,让他们明大德、守公德、严私德;另一方面,从大学生入学伊始就为他们建立个人诚信档案,在考试、奖助学金评定、就业求职等各方面记录大学生诚信表现,对于考试作弊、奖学金评定弄虚作假等失信行为绝不姑息,严惩不贷。

(四)引导学生练就过硬本领,立场坚定敢于亮剑,与偏私腐败行为战斗到底

习总书记在纪念五四运动100周年大会上,对新时代青年提出殷切希望,要求青年们"在学习中增长知识、锤炼品格,在工作中增长才干、练就本领,以真才实学服务人民,以创新创造贡献国家"。成长没有捷径,在不断地学习和实践中,学真知、悟真谛,内外兼修,练就过硬本领,这是学生们走向社会后敢于同一切偏私腐败行为作斗争的底气。

新知识、新思想、新观念、新技术的更新持续不断,只有努力学习专业知识,提高综合素质,开阔视野增长见识,内外兼修练就过硬本领,才能蓄满能量,增强同一切偏私腐败行为作斗争的志气、底气与骨气。无奋斗不青春,奋斗的青春不迷茫,只有在奋斗中经受思想淬炼、政治历练、实践锻炼、专业训练,才能在危机中育先机,在变局中开新局,在新时代大有可为。辅导员自身

要树立终身学习的理念,同时运用思想政治教育引领、大学生职业规划教育、先进典型榜样引领等方式,创造"以奋斗青春、劳动奉献为荣,以逃课、日常作业抄袭、考试舞弊等为耻"的学习环境。让学生主动把努力学习当作一种习惯、一种生活方式、一份责任。

培养青年勇毅坚定、敢于斗争的精神,是大学生思政教育的关键环节。一方面,通过读原著学原文、党课学习、专题研讨、探访红色基地等方式,学习党积累的伟大斗争经验,带领学生学习感悟思想伟力,坚定国家、民族、人民利益高于一切的立场;另一方面,培养大学生敢于斗争的勇气,在各种失信、违法犯罪行为面前做到"不畏浮云遮望眼""乱云飞渡仍从容"。

新时代新征程,辅导员可以通过充分挖掘中国廉政文化基因、创新思政教育形式、营造风清气正的校园氛围、引导学生练就过硬本领多措并举,将新时代廉政文化融入大学生思想政治教育,努力培养德智体美劳全面发展的社会主义合格建设者和可靠接班人。

队伍建设

"三全育人"视角下高校辅导员的职业角色定位与实现路径

谭　静　桂云凤

摘　要：以习近平同志为核心的党中央提出坚持全员全程全方位育人，"三全育人"成为高校落实立德树人根本任务的战略要求。作为高校思想政治工作的骨干力量，高校辅导员在"三全育人"大思政工作格局中肩负重要使命和担当。探索"三全育人"视角下高校辅导员的职业角色定位，优化高校辅导员育人工作履职路径意义重大。文章提出高校辅导员要做好全员育人的连接者、全程育人的引导者、全方位育人的践行者，进而对高校辅导员职业角色实现路径进行了研究。

关键词："三全育人"；高校辅导员；角色定位；实现路径

一、引言

党的十八大以来，习近平总书记提出"思想政治工作是学校各项工作的生命线""实现全员全程全方位育人"[①]等重要观点，对高校教育为党育人、为国育才指明了方向。高校辅导员作为开展大学生思想政治教育的骨干力量，在高校学生日常思想政治教育和管理工作中承担着组织、实施、指导的重要任务。

作者简介：谭静，华中科技大学管理学院党委副书记、副教授。桂云凤，华中科技大学管理学院团委书记、思政辅导员。

① 习近平出席全国教育大会并发表重要讲话[EB/OL].（2018-09-10）[2023-09-10]. https://www.gov.cn/xinwen/2018-09-10/content_5320835.htm.

研究并找准高校辅导员在"三全育人"大思政格局下的角色定位和履行岗位职责的实现路径,对于深化育人实效、培养堪当民族复兴重任的时代新人具有重要的理论和现实意义。

二、"三全育人"视角下,高校辅导员的职业角色定位

按照教育部《普通高等学校辅导员队伍建设规定》中对高校辅导员工作职责的定位,高校辅导员要全面肩负起培育学生德智体美劳全面发展的责任。同时,数字化、个性化的"00后"学子成为大学生主要群体,这些都对高校辅导员的履职能力提出了更高的要求。"三全育人"视角下,要实现全员、全程、全方位育人,这要求高校辅导员必须发挥自身聪明才智,不断充实知识储备、提升育人技能、强化综合素养,科学应对大学生可能面临的各类困扰,不断提升"三全育人"工作能力。

(一)人员要素上,做全员育人的连接者

习近平总书记在全国教育大会上强调,办好教育事业,家庭、学校、政府、社会都有责任。全员育人的关键在于"人人育人",高校人员、家长、社会人士等共同组成大学生思想政治工作育人队伍。高校辅导员要从"一人千面"的思想政治教育主力军到"人人育人"的连接者,协调多方,将育人工作渗透到知识传播、行政管理、生活服务等各项工作中,营造人人"守好一段渠、种好责任田"的全员育人氛围。作为全员育人的连接者,高校辅导员要做好加减法。一是育人队伍做加法,汇聚专业教师、教师班主任、党政干部、后勤服务人员、校友、家长、优秀朋辈、学生个人等多方育人力量,挖掘各群体、各岗位的育人元素,整合各方育人力量,"德智体美劳"五育并举为学生提供正向价值引领。二是育人分歧做减法,着眼学生实际需求、协调好各方育人主体,立足信息化手段,整合同类资源,优化工作内容,简化工作流程,使各育人主体同向同行、互为补充。①

---

① 杨萍.高校"三全育人共同体"的价值追求及其实现路径研究[D].武汉:华中师范大学,2019.

（二）时间要素上，做全程育人的引导者

全程育人突出"时时育人"，包括招生、学习、生活、毕业、就业等各环节，突出育人在时间上的连贯性。高校辅导员要做好引导者，发挥教育资源在不同阶段的功能，在人才培养全程中聚焦价值引领，让教育管理更有温度、思想引领更有力度、立德树人更有效度。做全程育人的引导者要求高校辅导员把握"整体"和"变化"两个要素。一是对学生的思政教育不能停留在入学或者就业等某个特定时期，而要贯穿学生成长成才的全程，育人环节上不能有所缺失；二是要注重育人对象的身心变化，即学生在不同发展阶段的成长需求，做到因事而化、因时而进、因势而新①，更好地适应和满足学生成长诉求、时代发展要求、社会进步需求。

（三）空间要素上，做全方位育人的践行者

全方位育人强调"处处育人"，凸显了育人工作的广度，囊括了"以学生为中心"的一切工作和各种资源载体。高校辅导员作为全方位育人的践行者，要融合好课程、科研、实践、文化、网络、心理、管理、服务、资助、组织等多方面育人职责，旨在培养德智体美劳全面发展的时代新人。高校辅导员要做"多面手"②，解放思想，从狭隘的传统工作视野中解放出来，充分运用多种资源载体、搭建多层次育人平台，将德育工作有机地渗透到学生的学习、生活、工作的各个环节，在学生个人思想的引航、行为的塑造、情怀的涵养等多方面润物无声，完善好全方位育人矩阵。

---

① 习近平出席全国教育大会并发表重要讲话[EB/OL].(2018-09-10)[2023-09-10]. https://www.gov.cn/xinwen/2018-09/10/content_5320835.htm.

② 王鑫,陶思亮,朱惠蓉."三全育人"视域下高校辅导员的育人角色与实现路径[J].思想理论教育,2020(5):87-91.

三、"三全育人"视角下高校辅导员的履职路径

(一)协调"人人"参与,创新全员育人模式

"全员育人"是指学校、家庭、社会"三位一体"的教育格局。"全员育人"模式下,高校各职能部门都被要求发挥育人功能。高校辅导员要优化工作内容,凝聚育人主体,从事务性工作中跳脱出来,聚焦立德树人这条主线。

1. 凝聚育人队伍

高校辅导员与各育人主体之间都有工作上的联系与交流。要加强联系、勤于沟通,使这些多元的教育主体形成教育合力、有序地开展工作。高校辅导员要主动联络领导干部,发挥领导干部在育人工作中的垂范作用,请学院领导班子带头为学生上思想政治理论课、深入学生一线,起到示范引领作用;高校辅导员要加强与专业教师的联系,联络优秀中青年教师担任教师班主任和社团活动、社会实践、志愿服务等指导老师,增强专业教师教书育人的使命感和调动任课教师的积极性;高校辅导员要加强学生朋辈联络交流,选聘优秀朋辈担任班主任助理、党员社导等角色,在"传帮带"中帮助学生快速适应大学生活;高校辅导员要加强家校联络,尤其重点关注学生要与家长协同解决的问题。

2. 加强学生自育

高校辅导员要关注关心关爱学生,扎实做好高校辅导员"三进三同"工作,即进课堂(实验室)、进宿舍、进学生活动,与学生同吃、同住、同学习,调动学生自我教育的积极性、自主性。

(二)把握"时时"阶段,实施全程模式

舒伯的生涯发展阶段分为成长阶段、探索阶段、建立阶段、维持阶段、衰退阶段,大学阶段则对应处于生涯发展探索阶段。全程育人关注的重点是

教育中的时间序列,高校辅导员要在学生成长规律的指引下,把握育人的阶段性、完整性,把握"整体"和"变化"两个要素,做好全程育人的统筹设计。

1. 实行新生领航计划,过好入学适应期

高校辅导员要主动把握入学教育规律,循序渐进地设置教育内容,帮助新生快速适应大学生活,扣好理想信念教育的扣子。个人层面,高校辅导员、党员教师实现谈心谈话全覆盖,引导学生成长;宿舍层面,开展五星寝室创建,营造温馨向上的寝室文化氛围,发挥寝室育人功能;班级层面,开展新生工作坊等活动,鼓励新生更好地融入新集体;年级层面,开展典礼育人,建立团结奋进的集体。

2. 实行综合发展计划,过好成长积淀期

进入大二大三,学生会逐步形成自己的专业规划,这个阶段学生会经历焦虑期与抉择期,高校辅导员要耐心教育与引导,为学生搭建平台,引导学生结合自己的实际情况制定规划。社会实践方面,高校辅导员、教师班主任参与指导学生参加暑期社会实践,把论文写在祖国大地上;领导力方面,开展学院"青马班"人才培养活动,加强对学生骨干的培养;学术科研方面,实行本科生参与科研项目计划,让有科研潜质的学生尽早参与教师科研项目;学科竞赛方面,高校辅导员和专任教师成立学科竞赛指导组,指导学生参与学科竞赛。

3. 实行就业能力提升计划,过好生涯选择期

大四学年,学生生涯选择相对明确,重点在全面提升学生的就业能力。求职技巧指导上,组建由教师党员、高校辅导员、企业人事等组成的讲师团,为学生指导简历制作、面试技巧,增强学生的就业力;求职经验交流上,邀请朋辈优秀求职者做求职经验分享;职业生涯引导上,开展"毕业课堂"系列教育活动,邀请思政名师、杰出校友为毕业生上好最后一堂课,用榜样力量激励学生积极践行社会主义核心价值观。

(三)提升"处处"技能,实现全方位育人模式

高校辅导员要多措并举,汇聚各类育人元素和育人资源,把思想政治教育工作融入日常、化入经常,全面构筑立体式全方位育人矩阵。

1. 用好课内课外阵地

一方面,课堂是育人的主阵地,高校辅导员要加强与第一课堂教师的联系,将思政教育融入学生的专业课教学、通识教育、职业生涯规划等中,切实增强思政教育的针对性、亲和力。另一方面,积极打造丰富多彩、阳光向上的第二课堂。强化对学生参与创新创业大赛的引导与支持力度;整合实习实训基地等各类实践资源;结合历史文化、时代热点、重要节日等,创新活动方式,推进中华优秀传统文化教育;积极依托学生社团活动及校园文化活动开展大学生思想政治教育工作。

2. 用好线上线下阵地

一方面,传统点对点、面对面的育人方式受众有限,高校辅导员运用移动端育人平台开展思政教育,能迅速、精准、大范围地将信息传递到学生群体。另一方面,高校辅导员要积极适应网络和新媒体话语情境的变化,充分利用"两微一端""抖音号"等形式创新地开展网络思政工作,用学生喜闻乐见的方式让思政教育"活起来""火起来",让大学生在使用网络的同时潜移默化地接受思政教育。①

四、"三全育人"视角下,高校辅导员发展建议

无论是作为全员育人的连接者、全程育人的引导者,还是全方位育人的践行者,"三全育人"都对高校辅导员的业务能力提出了更高的要求。高校辅导员要有过硬的理论功底和教育本领,要全面提升自己的教育管理组织能力。

---

① 聂靖."三全育人"视角下高校辅导员角色定位及履职路径[J].高校辅导员学刊,2018,10(1):18-21.

1. 加强专业知识和职业技能学习

高校辅导员要提升政治觉悟和文化底蕴,学经典原著,学习领会习近平新时代中国特色社会主义思想,把握理论前沿,不断完善自身知识体系,做好知识积累和储备。高校要持续推进高校辅导员职业能力提升工程,加强技能培训,落实高校辅导员工作周报、周会、案例交流、专题研讨等。

2. 参与教育教学实践和创新

高校辅导员要深入学生群体,开展系列教育实践,主动为学生讲党课、做生涯规划指导等。要善于提炼梳理工作案例,形成教学立项课题等,在项目实施中掌握学生的成长规律,探索自身工作的创新点,创新性地拓展工作方法。

3. 积极提炼总结教育规律

高校辅导员要结合工作实际和需求,多总结、多提炼,以解决实际问题为目的进行研究探索,将研究成果应用到学生思政工作中,用理论指导实践工作。

从传统到现代:辅导员话语体系面临的挑战与优化

戴则健　郭　宁

摘　要:快速发展的信息技术使传统辅导员话语体系面临"碎片传播""互通互动""权威消解""主导失控""情感需求"的挑战。辅导员话语体系优化迫在眉睫,是贯彻新时代党的教育方针的应有之义,是推动高校思想政治工作高质量发展的必由之路,是推进辅导员队伍专业化职业化建设的重要内容。针对这些挑战,辅导员要在转变话语理念、拓展话语内容、夯实话语主体、创新话语载体四个方面下功夫,构建一个有说服力、影响力、感染力的话语体系,切实提升思想政治工作的育人实效。

关键词:网络思政;辅导员话语体系;新媒体

随着信息技术发展,网络已成为大学生学习、生活不可或缺的工具。"00后"更是被称为"互联网原住民",对网络最为依赖,同样也是主要发声单元。网络环境中大学生从传统的信息接受者逐渐演变为信息交互者,兼具创造者、传播者、评论者、接受者等多重身份,形成互联网信息涌动的"360度环绕立体声"。面对复杂的网络环境,传统辅导员话语体系面临巨大挑战,辅导员话语体系优化迫在眉睫。

作者简介:戴则健,华中科技大学经济学院党委书记;郭宁,华中科技大学党委巡视办职员。

一、传统辅导员话语体系面临的挑战

思想政治教育需要通过一定的话语体系来表达、交流、沟通和传播,进而实现立德树人的根本任务。① 辅导员话语体系帮助大学生解决现实问题的同时开展思想理论教育,是普遍性和现实性的统一。② 在网络普遍使用的大环境中,辅导员话语体系面临"碎片传播"的挑战、"互通互动"的挑战、"权威消解"的挑战、"主导失控"的挑战、"情感需求"的挑战。

(一)面临"碎片传播"的挑战

传统思想政治工作环境中,辅导员可以围绕特定目的提前组织语言、提前准备材料,多以会议、讲座等方式开展教育,"说什么以及怎么说"都是有备而来,具有"完整叙事"的特点。网络环境中,学生逐渐成为信息传播的主体,传播内容具有短语化、个性化、随意化等特点,传播速度快,呈现"碎片传播"的特点。辅导员"完整叙事"的传统话语相较"碎片传播"的网络话语显得冗长、呆板,话语内容更新慢,话语传播速度慢,不能及时满足学生需要。此外,网络时代成长起来的学生习惯"碎片式"阅读以及交流,这也导致辅导员"完整叙事"的话语表达难以起到良好的思想政治教育效果。

(二)面临"互通互动"的挑战

传统思想政治工作环境中,辅导员话语传播方式多为单向传播,即辅导员讲、学生听,辅导员可以根据工作需要选定话语主题、话语阵地,学生是辅导员话语的被动接受者。网络环境中,辅导员和学生成为平等的交流者,形成网络话语传播的"互通互动"。学生在阅读辅导员朋友圈推文之后可以发表评论,此时,学生不仅仅是辅导员话语的被动接受者,其发表评论的过程也完成了网

---

① 孙凤蕾.网络视域下高校辅导员思想政治教育话语体系的转换[J].高教学刊,2022,8(18):170-173.

② 刘卫华,周琪.高校辅导员思想政治教育话语体系特性研究[J].高校辅导员,2021(2):62-66.

络信息传播的"互通互动"。此外,学生可以将推文转发至自己的朋友圈并附上自己的观点,实现从信息接受者到信息传播者的转变,从而形成信息传播的"去中心化"。网络思想政治教育话语传播的"去中心化"导致辅导员话语单向传播的效果大打折扣,从而可能失去话语权。

(三)面临"权威消解"的挑战

传统思想政治工作环境中,辅导员与学生之间呈现"我教你学"的模式,辅导员具有绝对的话语权威。《普通高等学校辅导员队伍建设规定》明确指出,辅导员是开展大学生思想政治教育的骨干力量。辅导员是思想政治教育和管理工作的组织者、实施者和指导者。辅导员承担着清晰、明确的工作职责,包括思想理论教育和价值引领、党团和班级建设、网络思想政治教育等,而工作职责本身意味着辅导员具备相应的权力,其话语权来自国家教育部门的授予。网络环境中,学生可以随时随地通过网络发表自己的观点、看法并进行传播。辅导员与学生之间不再是"我教你学"模式,辅导员话语的权威性大打折扣,面临"权威消解"的挑战。①

(四)面临"主导失控"的挑战

传统思想政治工作环境中,辅导员扮演着信息"把关人"的角色,承担着信息过滤的职责,只会给学生传递符合社会主义核心价值观的信息,对学生的思想状况引导能力较强。网络环境中,辅导员无法时时刻刻充当"过滤者"和"把关人",学生很容易受到一些话语的迷惑和误导。② 尤其目前世界正处于百年未有之大变局,西方敌对势力正紧盯中国大学生,意图在中国大学校园传播历史虚无主义、普世价值论等错误思潮。学生如果不能进行有效甄别,很可能逐渐对主流意识形态产生不认同感,使得辅导员话语面临

---

① 李家智,毋靖雨.新媒体时代高校辅导员工作面临的困惑与对策[J].学校党建与思想教育:下,2017(4):78-80.
② 沈洋.高校辅导员提升网络话语能力的方略[J].学校党建与思想教育:下,2018(4):66-68.

"主导失控"的挑战。

(五)面临"情感需求"的挑战

传统思想政治工作环境中,辅导员多使用宣传式话语,承担着宣传国家主流意识形态并进行引导的职责,使思想政治教育的目的得以实现,而以关注学生内心感受为主的情感性话语还较为欠缺。网络环境中,学生沟通交流更加轻松自由,话语中融合的情感因素更多,此时,学生对辅导员话语体系的情感要求更高,传统的宣传式话语已经不能满足新时代大学生的情感需求。习近平总书记在全国高校思想政治工作会议上强调,做好高校思想政治工作要因事而化、因时而进、因势而新。辅导员是大学生成长成才的人生导师和健康生活的知心朋友,在与学生进行沟通交流时,要关注学生的情感需要,要注重尊重个体差异,而不是强制式灌输。辅导员必须在管理者和引导者身份间寻求平衡,因而增强思想政治教育话语对学生的亲和力显得特别重要,这是保证思想政治教育话语体系实效性的重要考量。①

二、辅导员话语体系优化的重要意义

长期以来,以谈心谈话、年级大会、主题班会、党团活动等为主要载体的传统话语体系在辅导员思想政治教育中占据着主导地位,是辅导员与学生进行思想碰撞、情感交流、信息互通的重要媒介。随着科技进步、时代发展,学生话语表达特征发生转变,意识形态领域的主导权和话语权斗争也显得尤其剧烈,传统辅导员话语体系面临巨大挑战,辅导员话语体系优化的重要性、关键性、紧迫性不言而喻。面对新时代党的教育方针的总要求,从辅导员自身专业化职业化建设角度出发,辅导员话语体系应该更加适应思想政治工作规律、学生成长规律,以切实提升新时代辅导员思想政治教育的实效性,推动高校思想政治工作高质量发展。

---

① 赵癸萍.辅导员思想政治教育话语权的本质研究[J].思想理论教育,2016(6):95-99.

（一）辅导员话语体系优化是贯彻新时代党的教育方针的应有之义

习近平总书记在全国高校思想政治工作会议上强调，高校教师要努力创新话语体系，运用新媒体新技术使工作活起来，推动思想政治工作传统优势同信息技术高度融合，增强时代感和吸引力，成为先进思想文化的传播者、学生健康成长成才的指导者和引路人。教育部印发的《普通高等学校辅导员队伍建设规定》明确指出，网络思想政治教育是辅导员的主要工作职责之一。新时代党的教育方针是辅导员话语体系优化的根本遵循。辅导员话语体系优化，要把新时代党的教育方针落实落细，要求辅导员遵循思想政治工作规律、遵循学生成长规律，运用新媒体新技术，推动思想政治工作传统优势与信息技术高度融合，增强学生对马克思主义的信仰、对中国特色社会主义的信念、对实现中华民族伟大复兴中国梦的信心。

（二）辅导员话语体系优化是推动高校思想政治工作高质量发展的必由之路

随着科技发展，以数字化、网络化、智能化为主要特征的网络新技术成为大学生学习生活的重要工具，以微博、微信、QQ、B站、抖音等为代表的新媒体平台改变了高校的信息生态、舆论生态。高校是舆情重要集散地，是意识形态斗争的前沿阵地，西方及其他敌对势力纷纷把大学生作为思想渗透和煽动的重要对象。如果任由精致利己主义、历史虚无主义等错误思潮在高校传播，会对高校学生的马克思主义信仰、社会主义核心价值观认同造成难以估量的负面影响，这与高校"立德树人"的根本任务相违背。辅导员工作在高校思想政治教育第一线，要想推动高校思想政治工作高质量发展，必须提高辅导员工作的育人实效，而辅导员话语体系优化是其中非常重要的环节。辅导员作为学生成长成才的人生导师和健康生活的知心朋友，要创新工作路径，加强与学生的网上互动交流，运用网络新媒体对学生开展思想引领、学习指导等。

（三）辅导员话语体系优化是推进辅导员队伍专业化职业化建设的重要内容

辅导员是离大学生最近的人，是开展思想政治教育的骨干力量，肩负着立德树人的重要使命，在高校思想政治工作整体布局中发挥着不可替代的作用，其专业化职业化水平直接影响高校思想政治教育工作的育人成效。辅导员话语体系是指"辅导员在思想政治教育过程中通过沟通、交往、宣传、描述、评价等活动以达到一定思想政治教育目的的言语符号系统"①。换言之，作为工作在思想政治教育第一线的群体，辅导员须通过其话语体系来开展工作、发挥作用。由此可见，辅导员话语体系优化是加强辅导员自身专业化职业化建设必不可少的一个环节。辅导员在继续发挥谈心谈话、年级大会、主题班会等为主要载体的传统话语体系优势前提下，要加强网络新媒体运用，以信息技术革新不断扩展话语阵地，推进新旧话语体系融合发展。

三、现代辅导员话语体系优化的途径

辅导员话语体系优化是践行辅导员"立德树人"重要使命的根本要求，是辅导员贯彻新时代党的教育方针的应有之义，是推动高校思想政治工作高质量发展的必由之路，是推进辅导员队伍专业化职业化建设的重要内容。基于此，本文提出从传统到现代高校辅导员话语体系优化的具体途径，要在转变话语理念、拓展话语内容、夯实话语主体、创新话语载体四个方面下功夫，构建一个有说服力、影响力、感染力的辅导员话语体系。

（一）转变话语理念：辅导员话语体系优化的前提条件

辅导员话语体系优化需要建立平等性、互动式、生活化的话语理念，主要解决辅导员在工作中"怎么说"的问题，是辅导员话语体系优化的前提条件。首先，树立辅导员与学生的平等性。传统辅导员话语体系中自上而下的"灌输

---

① 苏兰,桂国祥. 新时代辅导员话语体系的解构与重塑[J]. 思想政治教育研究,2018,34(3):153-156.

式"说教严重忽略学生与辅导员之间的平等性,此时辅导员拥有话语霸权,学生只能被动接受,对辅导员的工作实效带来负面影响。话语权不是辅导员的统治工具,辅导员无论是上课还是谈心谈话都要摒弃"独白式"言说,应与学生平等对话,和学生共享话语权,寻求对话的新途径,促进辅导员与学生间话语体系的有效融合。① 其次,采用互动式话语。传统辅导员话语体系中"辅导员讲、学生听"的单向传播方式育人效果不佳,辅导员要主动倾听学生的声音,尊重学生的个性化差异,提高学生表达的积极主动性,构建"互通互动"的良性交流模式,这样学生才乐于接受辅导员的教育,才能取得良好的育人效果。再次,强调话语的生活化。思想政治工作根本上是做人的工作,必须围绕学生、关照学生、服务学生。辅导员的工作最终都要落在学生的学习生活实际上,应多从现实生活中选取思想政治教育素材,将思想政治教育与富有情感的生活话语相融合,下接地气,立足现实,以情服人。

(二)拓展话语内容:辅导员话语体系优化的核心要求

辅导员话语体系优化需要拓展话语内容,主要解决辅导员在工作中"说什么"的问题,是辅导员发挥立德树人重要作用的媒介。首先,坚持以马克思主义理论和习近平新时代中国特色社会主义思想为指导。辅导员的职责定位是思想政治辅导员,必须加强自身政治理论学习,努力做到真学真懂真信真用,将学习成果运用到教育引导学生的过程中,为学生一生成长奠定科学的思想基础。其次,坚持以社会主义核心价值观为引领。习近平总书记指出,人类社会发展的历史表明,对一个民族、一个国家来说,最持久、最深层次的力量是全社会共同认可的核心价值观。核心价值观,承载着一个民族、一个国家的精神追求,体现着一个社会评判是非曲直的价值标准。社会主义核心价值观是辅导员话语内容的重要引领,要坚持不懈地培育和弘扬社会主义核心价值观,引导学生做社会主义核心价值观的坚定信仰者、积极传播者、模范践行者。最后,坚持以学生成长发展需要为落脚点。《普通高等学校辅导员队伍建设规

---

① 吴帆,陈岸涛.高校辅导员与学生的话语体系融合研究[J].内蒙古师范大学学报:教育科学版,2014(10):22-23.

定》明确要求,辅导员应当努力成为学生成长成才的人生导师和健康生活的知心朋友。辅导员要主动了解网络语言,拉近与学生的距离,话语内容要贴近学生学习生活实际,解决学生急难愁盼的实际问题,服务学生成长成才。

(三)夯实话语主体:辅导员话语体系优化的关键环节

话语主体是辅导员话语体系的"主角",辅导员这一话语主体的职业素养、能力水平直接决定了辅导员话语体系优化的水平,要从内外两个层面不断夯实话语主体,提升话语主体的整体水平。首先,从外在层面来讲,要建立完善的辅导员培训体系,加大网络思想政治教育培训力度。《普通高等学校辅导员队伍建设规定》明确指出,网络思想政治教育是辅导员的主要工作职责之一,辅导员要运用新媒体新技术,推动思想政治工作传统优势与信息技术高度融合。因此,要高度重视辅导员网络思想政治教育能力的培训,通过岗前培训、日常培训、专题培训、骨干培训等,建立全过程不断线的培训机制,将网络思想政治教育能力培训与理论素养培训、业务能力培训等相结合,全面提升辅导员这一话语主体的整体水平。其次,从内在层面来讲,"打铁还需自身硬",辅导员要不断提升自己的网络思想政治教育能力。辅导员要主动学习网络技术、网络话语,深入了解学生在网络环境中的思想动态,在工作中主动实践网络思想政治教育要点。此外,辅导员要做到知行合一。辅导员工作在思想政治教育第一线,是离大学生最近的人,其工作的特殊性决定了辅导员身教的力量大于言传的力量。在虚拟世界、现实世界交错的网络时代,人格才能影响人格,辅导员自身的"能量"更能春风化雨、润物无声。

(四)创新话语载体:辅导员话语体系优化的支撑保障

辅导员话语体系的载体包括基础形态、衍生形态和时代化形态,基础形态主要指语言载体、行动载体,衍生形态主要指辩论赛、文体活动等活动载体,时代化形态包括传统媒体载体和网络媒体载体。① 辅导员要在网络媒体载体上

---

① 苏兰,桂国祥. 新时代辅导员话语体系的解构与重塑[J]. 思想政治教育研究,2018,34(3):153-156.

下功夫,培育"互联网＋"思维,做到精准迅速认知、处理网络信息。首先,辅导员要利用微信、QQ等交流工具与学生搭建"键对键"的交流平台,利用线上交流的快捷性、及时性、包容性开展网络思想政治教育,加强与学生的网上互动交流,运用网络新媒体对学生开展思想引领、学习指导、生活辅导、心理咨询等,拉近与学生的距离。其次,辅导员要利用微博、抖音、B站等平台了解学生的思想动态,可以选取优秀作品作为思想政治教育素材。例如,可以通过与学生一起观看《守护解放西》对学生进行普法教育,可以通过观看《大国根基》等纪录片对学生进行爱国主义教育。再者,辅导员要主动出击,占领意识形态主阵地。习近平总书记强调,现在,互联网等新媒体快速发展,如果我们不主动宣传、正确引导,别人就可能先声夺人、抢占话语权。辅导员可以尝试创建自己的微信公众号、视频号等,推出主题符合思想政治教育要点、内容贴合学生需求、形式受到学生喜爱的网络原创作品。

观察思考

高校学生工作数字化转型的障碍分析及应对策略

张 越

摘 要：在高校学生工作方面实现数字化，符合高校立德树人的根本任务，也是学校通向数智治理的关键一环。通过整合学生学习生活的多维数据，综合分析影响高校学生工作数字化转型的障碍，能够提升学生精准管理的水平。本文对高校学生工作数字化转型障碍的文献进行回顾分析；研究确定了高校学生工作数字化转型障碍的类别：愿景和文化、战略和政策、资源、领导力、数字技能和知识、适应性、抗拒变革以及与技术支持相关的障碍；同时提出相应的应对策略：通过文化转型、劳动力转型和技术转型，优化和转变高校学生工作组织的战略方向和价值主张，为实现高校学生工作的数字化转型提供借鉴思路。

关键词：数字化转型；障碍框架；应对策略

一、引言

2017年麦肯锡公司（McKinsey）在其报告《数字化转型的路线图》中第一

基金项目：2022年度大学生志愿服务课题——基于大数据技术的大学生志愿服务成效评价及提升路径研究的阶段性研究成果（项目编号：2022ZYLX47）；2022年度上海应用技术大学一流研究生创新人才培养项目（教育教学改革项目）——数字时代研究生教育教学评价研究。

作者简介：张越，女，汉，上海应用技术大学讲师，研究方向：思想政治教育。

次提出经济和金融服务机构的数字化转型概念①,其相关理念和原则后来被高校教育领域广泛使用。《中华人民共和国国民经济和社会发展第十四个五年规划和2035年远景目标纲要》提出"加快建设数字经济、数字社会、数字政府,以数字化转型整体驱动生产方式、生活方式和治理方式变革"②。2021年7月,教育部等六部门发布《关于推进教育新型基础设施建设构建高质量教育支撑体系的指导意见》,提出要推动教育数字转型、智能升级、融合创新,支撑教育高质量发展。2022年1月,国务院印发《"十四五"数字经济发展规划》,明确提出要加快推动文化教育等领域公共服务资源数字化供给和网络化服务。③可见,数字化是经济发展和社会转型的新方向,高校学生工作作为实现可持续发展的重点领域,其数字化转型已成为未来高等教育改革和发展的重要趋势。

二、高校学生工作数字化转型研究现状

高校学生工作数字化转型不仅要求数字技术应用于高校学生工作过程,更是大力倡导技术与高校学生工作的深度融合,通过在制度管理和高校学生工作方案上革新,从而优化和转变高校学生工作机构的运营方式、战略方向和价值主张,形成与数字时代相适应的高校学生工作体系,推动高校学生工作部门管理者完成数字化转型战略。④ 然而,数字化转型很难在不熟悉变革和创新的高校学生工作部门中成功实施。因为高校学生工作部门在实施数字化转型

---

① McKinsey&Company. A Roadmap for A Digital Transformation[DB/OL].[2022-05-14]. https://www. mckinsey. com/industries/financial-services/our-insights/a-roadmap-for-a-digital-transformation.

② 中华人民共和国国民经济和社会发展第十四个五年规划和2035年远景目标纲要[EB/OL].[2022-06-21]. http://www. gov. cn/xinwen/2021-03/13/content_5592681. htm.

③ 国务院关于印发"十四五"数字经济发展规划的通知[EB/OL].[2022-06-21]. http://www. gov. cn/zhengce/zhengceku/2022-01/12/content_5667817. htm.

④ Man Z, Hanteng L, Sipan S. An Education Literature Review on Digitization, and Digital Transformation. In Proceedings of the 6th International Conference on Humanities and Social Science Research (ICHSSR 2020)[DB/OL].[2020-05-01]https://www. atlantis-press. com/proceedings/ichssr-20/125939327.

时至少必须经历两个关键过程:向新高校学生工作环境的转变过程以及技术融入高校学生工作系统的过程。高校学生工作数字化转型的内涵包括三个层面:一是文化层面,根本任务是价值观优化、创新和重构,以形成组织和机构的数字化意识和数字化思维为目标;二是人的层面,提高全校师生数字素养,实现教育全要素、全流程、全业务和全领域的数字化转型,推动智慧教育生态的形成和发展;三是技术层面,可用好用的学生数字管理平台的广泛采纳是数据采集基础,平台各个部门的联通互助是基本保证。当前高校学生工作领域的一些专家、学者主要围绕高校学生工作数字化转型的本质①、理论框架②、实践逻辑与发展机遇③、发展需求与推进路径④、国际经验⑤,以及高校学生工作领域数字化转型的挑战与对策⑥等进行了初步探讨,虽然已经涉及高校学生工作数字化转型的几个障碍,但在这些研究中没有完整地对障碍类型进行列表和汇编。因此,在实践中,高校学生工作部门数字化转型过程中对障碍的定义欠缺系统性。所以,在高校学生工作部门进行数字化转型的背景下,系统全面地分析障碍类型、找准关键问题进行突破就非常重要。⑦ 本研究全面梳理了在高校学生工作数字化转型时的障碍类型并提出相应的应对策略,以期从根本上为高校学生工作数字化转型的发展和实践提供借鉴。

---

① 祝智庭,胡姣.教育数字化转型的本质探析与研究展望[J].中国电化教育,2022(4):1-8+25.
② 祝智庭,胡姣.教育数字化转型的理论框架[J].中国教育学刊,2022(4):41-49.
③ 祝智庭,胡姣.教育数字化转型的实践逻辑与发展机遇[J].电化教育研究,2022,43(1):5-15.
④ 吴砥,李环,尉小荣.教育数字化转型:国际背景、发展需求与推进路径[J].中国远程教育,2022(7):21-27+58+79.
⑤ 王姝莉,黄漫婷,胡小勇.美国、欧盟、德国、法国和俄罗斯教育数字化转型分析[J].中国教育信息化,2022,28(6):13-19.
⑥ 李铭,韩锡斌,李梦,等.高等教育教学数字化转型的愿景、挑战与对策[J].中国电化教育,2022(7):23-30.
⑦ Reid P. Categories for Barriers to Adoption of Instructional Technologies, Education and Information Technology[J]. vol. 19, pp. 383-407, 2014.

三、高校学生工作数字化转型核心障碍

（一）行为环境：与高校学生工作相关的三个核心障碍

一是愿景和文化。除了需要明确数字化转型的目标外，还需要强调将目标传达给高校学生工作部门的重要性。许多研究表明，教师对数字化转型的准备不足是因为受到了无效的转型信息的影响。① 首先，要有清晰的愿景。Marks 等人的一项研究发现大多数高校学生工作还没有数字化转型的整体愿景。② 许多偏远地区的政治、经济、技术与高校学生工作发展不平衡③，高校学生工作者只能依靠特定的资源学习，无法进行远程在线学习。高校学生工作中的数字鸿沟不仅仅体现为技能鸿沟，更是一种素养鸿沟。当数字素养不足时，大量不负责任的传播信息会导致偏见。因此，最基本的是要明确数字化转型的愿景。其次，要有共同的愿景。Khan 等人的一项研究指出数字化转型的愿景是使高校学生工作能够启动、指导并实现预期目标。④ 学术界对数字化转型的愿景往往有不同的观点⑤，是由于不同组织所处的外部环境不同，导致所

---

① Allen J, Jimmieson N L, Bordia P, et al. Uncertainty During Organizational Change: Managing Perceptions through Communication[J]. Journal of Change Management, vol. 7, no. 2, pp. 187-210, 2007.

② Marks A, AL-Ali M, Attasi R, et al. Digital Transformation in Higher Education: Maturity and Challenges Post COVID-19[J]. Advances in Intelligent Systems and Computing, vol. 1330, 2021.

③ UNESCO. SDG 4-Education 2030: Global/Regional Coordination and Support[DB/OL]. [2022-02-15]. https://unesdoc.unesco.org/ark:/48223/pf0000380570?1=null&queryId=fe7eda75-4f21-46ec-ac83-76ba916813b7.

④ Khan S H, Hasan M, Clement C K. Barriers to the Introduction of ICT into Education in Developing Countries: The Example of Bangladesh[J]. International Journal of Instruction, vol. 5, no. 2, pp. 61-80, 2012.

⑤ Stüber J. Barriers of Digital Technologies in Higher Education: A Teachers' Perspective from a Swedish University[D]. Linnaeus University, 2018.

获得的资源不相同①。数字化转型过程中拥有共同愿景极其重要,高校学生工作愿景的不一致也会导致投资的缺乏。② 再次,要有充足的文化保障。郑金洲的研究指出文化保守制约了高校学生工作数字化发展,这在一定程度上会成为限制数字文化发展的隐性阻力。③ 同时,跨部门协调不足,以及缺乏文化认可是高校学生工作数字化转型的最大障碍。

二是战略和政策。同样重要的一个关键因素是管理层的支持。为了与数字化转型的目标保持相关性,高校学生工作需要制定制度和政策以便教师和利益相关者能够更加真实地参与其中。④ 首先,要制定统一的数字化转型战略。Kaminskyi 等人的研究表明高校学生工作数字化转型的实施需要新的战略。⑤ 然而,我国高校学生工作数字化转型的顶层设计力度不足,大多数高校学生工作部门仍然缺乏组织战略、技术战略等支持学生工作过程的数字化转型战略⑥⑦⑧。因此,部分高校对数字化转型仍然持观望态度。其次,要将战略转化为行动。制定数字化转型战略时充分考虑愿景和任务,决定了战略实施的可行性与深度。Rafiq 等人指出,实现高校学生工作数字化转型愿景的最关

---

① 张治,戴蕴秋.基于"教育大脑"的智能治理——上海宝山区教育数字化转型实践探索[J].中国教育信息化,2022,28(6):64-69.

② Butler D,Leahy M,Twining P,et al. Education Systems in the Digital Age:the Need for Alignment[J]. Technology,Knowledge and Learning,vol. 23,no. 473,2018.

③ 郑金洲.教育文化学[M].北京:人民教育出版社,2000.

④ Gronberg A.(2017). Digital Transformation in Higher Education [Online]. Available:https://www.hoonuit.com/blog/digital-transformation-in-higher-education.

⑤ Kaminskyi O Y,Yereshko Y O,Kyrychenko S O. Digital Transformation of University Education in Ukraine:Trajectories of Development in the Conditions of New Technological and Economic Order[J]. Information Technologies and Learning Tools,vol. 64,no. 2,pp. 128-137,2018.

⑥ Kerroum K,Khiat A,Bahnasse A,et al. The Proposal of An Agile Model for the Digital Transformation of the University Hasan Ⅱ of Casablance 4.0[J]. Procedia Computer Scence,vol. 175,no. 2020,pp. 403-410,2020.

⑦ Schaffhauser D. Biggest Barriers to Digital Learning:Lack of Time,Lack of Devices [J]. The Journal and Campus Technology,2017.

⑧ Thoring A,Rudolph D,Vogl R. Digitalization of Higher Education from a Student's Point of View[J]. European Journal of Higher Education IT,2017.

键步骤是将战略转化为清晰具体的行动计划。① 这种计划不要太复杂,但也不能太简单,确保有足够的时间和精力来完成计划。最后,还需要学生工作相关的制度和政策。高校学生工作管理层对数字化转型目标的不明确表明管理层对如何执行数字化转型没有清晰的想法。高校学生工作数字化转型不仅缺乏相应的管理政策支持,比如数字生态系统的发展政策,也缺少相应的制度机制,比如高校学生工作数据监管框架、高校学生工作数字化标准和质量监督机制。②③ 因此,在数字化转型过程中,为了明晰技术创新思路,管理层的政策支持是必不可少的。④

三是资源。专家、资金和时间等资源不足对于高校学生工作组织来说仍然是一个挑战。首先,学生工作数字化转型的专家不足。高校学生工作缺乏人力资源来支持数字化转型。Kalolo 对发展中国家的几所高校进行调研后发现,在将数字技术应用到高校学生工作过程中时,人力资源的缺乏成为制约高校学生工作组织实施数字化转型的主要问题。⑤ Rafiq 等人的研究也证实了高校学生工作创新方面技术技能的资源是稀缺的。⑥ 其次,学生工作数字化转

---

① Rafiq M,Batool S H,Ali A F,et al. University Libraries Response to COVID-19 Pandemic:A Developing Country Perspective[J]. The Journal of Academic Librarianships,vol. 47,no. 2021,2021.

② Gregory M,Lodge J. Academic Workload:the Silent Barrier to the Implementation of Technology-enhanced Learning Strategies in Higher Education[J]. Distance Education,vol. 36,no. 2,pp. 201-230,2015.

③ Shelton C. Giving Up Technology and Social Media:Why University Lecturers Stop Using Technology in Teaching[J]. Pedagogy and Education,vol. 26,no. 3,pp. 303-321,2017.

④ Watty K,McKay J,Ngo L. Innovators or Inhibitors? Accounting Faculty Resistance to New Educational Technologies in Higher Education[J]. Journal of Accounting Education,vol. 36,pp. 1-15,2016.

⑤ Kalolo J F. Digital Revolution and Its Impact on Education Systems in Developing Countries[J]. Education and Information Technologies,2019.

⑥ Rafiq M,Batool S H,Ali A F,et al. University Libraries Response to COVID-19 Pandemic:A Developing Country Perspective[J]. The Journal of Academic Librarianships,vol. 47,no. 2021,2021.

型的资金不足。数字化转型的实施需要大量资金。Watty 等人的一项研究显示,澳大利亚的几个会计学院记录了在大多数情况下,资金缺乏阻碍了教师向班级介绍新技术的意愿。① 此外,Rafiq 等人的一项研究也表明可用于发展和创新高校学生工作数字化转型的内部资金资源是有限的。② 再次,学生工作数字化转型的时间不足。时间不足仍然成为高校学生工作数字化转型过程中的最大问题之一。Schaffhauser 指出,高校老师因参与学校研究、教学和行政相关的繁重工作而不堪重负,没有时间参与到新技术中去。③

(二)行为主体:与教师相关的四个核心障碍

一是领导力。高校学生工作数字化转型的成功在很大程度上取决于领导力。④ 高校学生工作数字化转型要求领导者赋予教师新技能以应对复杂的数字技术革新。领导力在某种程度上决定了高校学生工作数字化转型的成败。首先,高校学生工作转型需要提供创新的管理思路,但领导力不足已成为高校学生工作数字化转型的重大挑战。⑤ 其次,还需要学生工作数字化转型的项目支持。Kerroum 等人的一项研究表明,数字化转型过程缓慢的原因之一是高

---

① Watty K, McKay J, Ngo L. Innovators or Inhibitors? Accounting Faculty Resistance to New Educational Technologies in Higher Education[J]. Journal of Accounting Education, vol. 36, pp. 1-15, 2016.

② Rafiq M, Batool S H, Ali A F, et al. University Libraries Response to COVID-19 Pandemic: A Developing Country Perspective[J]. The Journal of Academic Librarianships, vol. 47, no. 2021, 2021.

③ Schaffhauser D. Biggest Barriers to Digital Learning: Lack of Time, Lack of Devices [J]. The Journal and Campus Technology, 2017.

④ Ventures N. Digital Transformation in Higher Education 2017[Online]. Available: https://www.navitasventures.com/wp-content/uploads/2017/08/HE-Digital-Transformation-_Navitas_Ventures_-EN.pdf.

⑤ Aditya, 2021; Aditya B R, Ferdiana R, Kusumawardani S S(2021). A Barrier Diagnostic Framework in Process of Digital Transformation in Higher Education Institutions [EB/OL]. [2022-03-20]. https://www.emerald.com/insight/content/doi/10.1108/JARHE-12-2020-0454/full/html.

校学生工作领导者缺乏管理数字化转型项目的技能。① 领导团队没有认识到高校学生工作数字化转型需要通过大量的数字化转型项目才能形成数字化转型的生态系统。

二是数字技能和知识。如果教师和学生不能使用数字技术,只会浪费时间和精力。② 数字化转型改变了学生工作管理的方式,将数字技术整合到高校学生工作系统中需要新的数字技能和知识。然而,缺乏适合学生工作管理的数字技能仍然成为高校学生工作转型的主要障碍。教师的数字技能不仅包括将数字技术融入学生工作的素养,也包括通过数字技术创新管理的能力。缺乏对数字技术的了解的教师无法将信息与通信技术集成到他们的教学计划和学习环境中③,因此,许多高校学生工作管理部门不了解数字技术如何改善学生工作,从而阻碍了信息与通信技术在教学过程中的使用。

三是适应性。可通过举办研讨会等方式来理解高校学生工作变革的好处。Khan 等人的一项研究表明,一些教师根本不想使用数字技术。④ 缺乏开发和将数字技术投入高校学生工作系统的兴趣和动力仍然成为数字化转型过程中的障碍。Sinclair 和 Aho 的研究结果也表明,在教师中仍然广泛存在对数字技术的恐惧和对数字技术产生的负面影响的担忧等障碍。⑤ Watty 等人也

---

① Kerroum K, Khiat A, Bahnasse A, et al. The Proposal of An Agile Model for the Digital Transformation of the University Hasan II of Casablance 4.0[J]. Procedia Computer Scence, vol. 175, no. 2020, pp. 403-410, 2020.

② Chauca M, Phun Y, Curro O, et al. Disruptive Innovation in Active Activity-based Learning Methodologies through Digital Transformation[J]. International Journal of Information and Education Technology, vol. 11, no. 4, pp. 200-204, 2021.

③ Stüber J. Barriers of Digital Technologies in Higher Education: A Teachers' Perspective from a Swedish University[D]. Linnaeus University, 2018.

④ Khan S H, Hasan M, Clement C K. Barriers to the Introduction of ICT into Education in Developing Countries: The Example of Bangladesh[J]. International Journal of Instruction, vol. 5, no. 2, pp. 61-80, 2012.

⑤ Sinclair J, Aho A M. Experts on Super Innovators: Understanding Staff Adoption of Learning Management Systems[J]. Higher Education Research and Development, vol. 37, no. 1, pp. 1-15, 2018.

指出部分教师不愿学习新的技能和流程是因为他们害怕失败。[1] 然而,高校学生工作组织没有创新经验。Looi 等人的研究表示,每位教师在与技术相关的准备工作和经验方面都有差异,他们在参与数字教室实践时不够自信,也很紧张。[2] Thoring 等人的研究表明,尽管高校学生工作中新生注册已经实现数字化,但与学习活动相关的方面仍然没有以数字化方式进行。[3] Watty 等人的研究结果还证实,有许多教师对转变教学方法(包括使用信息技术)和对数字技术进行创新不感兴趣。[4]

四是抗拒变革。高校学生工作必须迅速响应数字化创新变革,但是人在舒适区一般很难接受新的变化。[5] 人们倾向于以特定的方式做某事并且不愿意离开他们的舒适区。[6] 正如 Gregory 和 Lodge 所说,创建数字化学术文化是一个艰难的过程,需要将数字技术应用到高校学生工作实践过程中。[7] 在 Thoring 等人的研究中,许多教师不愿意改变现状,他们更喜欢阅读印刷读物而不是电子读物,甚至还有教职员工仍然难以将他们所有的笔记和作品数

---

[1] Watty K, McKay J, Ngo L. Innovators or Inhibitors? Accounting Faculty Resistance to New Educational Technologies in Higher Education[J]. Journal of Accounting Education, vol. 36, pp. 1-15, 2016.

[2] Looi C K, Chan S W, Wu L. Crisis and Opportunity: Transforming Teachers from Curriculum Deliverers to Designers of Learning, Radical Solutions for Education in a Crisis Context[M]. Lecture Notes in Educational Technology, 2021.

[3] Thoring A, Rudolph D, Vogl R. Digitalization of Higher Education from a Student's Point of View[J]. European Journal of Higher Education IT, 2017.

[4] Watty K, McKay J, Ngo L. Innovators or Inhibitors? Accounting Faculty Resistance to New Educational Technologies in Higher Education[J]. Journal of Accounting Education, vol. 36, pp. 1-15, 2016.

[5] Khairi M A M, Faridah I, Norsiah H, et al. Preliminary Study on Readiness to Teach Online Due to Covid-19 Pandemic among University Academician in Malaysia[J]. International Journal of Information and Education Technology, vol. 11, no. 5, pp. 212-219, 2021.

[6] Lillejord S, Børte K, Nesje K, et al. Learning and Teaching with Technology in Higher Education—A systematic review[M]. Osle: Knowledge Centre for Education, 2018.

[7] Gregory M, Lodge J. Academic Workload: the Silent Barrier to the Implementation of Technology-enhanced Learning Strategies in Higher Education[J]. Distance Education, vol. 36, no. 2, pp. 201-230, 2015.

化。① Stüber 的研究也显示许多老师试图避免使用特定的数字技术是因为缺乏经验和信心。② 高校学生工作的数字化转型不仅包括技术转型,还包括管理理念方面的转型。③ 因此,数字技术应用在学习活动中的成功很大程度上取决于教师的态度和信任。Sinclair 和 Aho 的研究表明,大多数教师仍然存在对数字化技术造成负面影响的担忧。④ 正如 Limaj 和 Bilali 所表明的那样,大量的老师倾向于使用传统的管理方式,排斥将新的模式应用于学生工作中。⑤

(三)行为客体:与技术支持相关的四个核心障碍

一是 IT 基础设施。如果无法提供足够的技术支持,高校学生工作的数字化转型可能会不太成功。政策制定者必须更具体地了解数字生态系统中基础设施、学生管理者和学生之间的相互依存关系。⑥ 如果高校学生工作不能为实施数字化转型提供足够的技术支持,那么数字化转型就不会成功。Kaminskyi 等人的研究指出高校学生工作管理部门的信息技术是整个系统数字化转型的

---

① Thoring A,Rudolph D,Vogl R. Digitalization of Higher Education from a Student's Point of View[J]. European Journal of Higher Education IT,2017.

② Stüber J. Barriers of Digital Technologies in Higher Education:A Teachers' Perspective from a Swedish University[D]. Linnaeus University,2018.

③ Sinclair J,Aho A M. Experts on Super Innovators:Understanding Staff Adoption of Learning Management Systems[J]. Higher Education Research and Development,vol. 37,no. 1,pp. 1-15,2018.

④ Sinclair J,Aho A M. Experts on Super Innovators:Understanding Staff Adoption of Learning Management Systems[J]. Higher Education Research and Development,vol. 37,no. 1,pp. 1-15,2018.

⑤ Limaj E,Bilali E. Examining Digital Technology Constraints on Higher Education in Developing Countries through the Lens of the Capability Approach[C]. The 22nd Pacific Asia Conference on Information System,2018.

⑥ Karvonen T,Sharp H,Barroca L. Enterprise Agility:Why is Transformation So Hard? [J]. Lecture Notes in Business Information Processing,vol. 314,2018.

基础。① Wi-Fi覆盖不全、互联网访问受限和连接速度缓慢等基础设施建设缺乏给高校学生工作的数字化转型带来了障碍。高速的互联网连接是将ICT（信息与通信技术）融入教学系统的先决条件之一。同样，Limaj和Bilali的研究也表明互联网的作用非常重要，它使老师能够随时随地获得学生画像。② 此外，Schaffhauser的研究表明，像计算机、打印机、多媒体投影仪、扫描仪和平板电脑等资源在很多高校学生工作管理部门并不能做到全覆盖。③

二是IT风险。学术系统中各种新技术的使用意味着会出现安全和隐私泄漏方面的风险。高校学生工作数字化转型过程中数字技术的风险不容忽视。Limaj和Bilali的研究也表明数据质量和信息安全等问题在数字化转型过程中的重要性。④ 高校学生工作管理部门对数据的共享需求，带来了数据泄露风险和数据权限管理的额外成本。人工智能在高校学生工作应用过程中产生人类控制权、数据隐私、决策安全和道德等的信任问题，数据泄漏事件频发，个人信息泄漏的风险逐渐增加，使得隐私泄漏问题的解决变得更加紧迫。教师和学生必须时刻关注学术平台内的数据安全和信息安全。

三是ICT嵌入系统。高校学生工作中存在的系统通常以分散的方式运行，许多服务没有互连。数字技术的整合是高校学生工作管理部门决策者面临的巨大考验。尤其是数字化转型初期，没有形成统一的信息资源体系和数字学习生态系统，在高校学生工作服务供给侧和需求侧的渗透仍存在不平衡、不充分、不深入的问题。高校学生工作管理部门存在大量使用旧方

---

① Kaminskyi O Y, Yereshko Y O, Kyrychenko S O. Digital Transformation of University Education in Ukraine：Trajectories of Development in the Conditions of New Technological and Economic Order[J]. Information Technologies and Learning Tools, vol. 64, no. 2, pp. 128-137, 2018.

② Limaj E, Bilali E. Examining Digital Technology Constraints on Higher Education in Developing Countries through the Lens of the Capability Approach[C]. The 22nd Pacific Asia Conference on Information System, 2018.

③ Schaffhauser D. Biggest Barriers to Digital Learning：Lack of Time, Lack of Devices[J]. The Journal and Campus Technology, 2017.

④ Limaj E, Bilali E. Examining Digital Technology Constraints on Higher Education in Developing Countries through the Lens of the Capability Approach[C]. The 22nd Pacific Asia Conference on Information System, 2018.

法和旧技术的信息系统、基础设施、技术架构等,各职能部门孤立的技术系统架构,造成碎片化的数据资源,导致高校学生工作数字化转型实践面临信息孤岛的困境。最新的数字技术并不能保证与现有的系统兼容,难以形成完整的应用价值链,高校数字化转型效果不佳。高校学生工作将面临被迫将重心放在数据结构与处理或自定义集成上,来解决信息孤岛和数据管理问题。Lillejord 等人也提出高校将数字技术整合到实践中时没有使用科学的方法。①

四是 IT 支持服务。IT 支持服务的目标应该是让学生、教师和行政人员在创建和使用数字技术进行学习时更有信心和能力。② 高校学生工作的数字化转型过程中涉及新技术。目前的数字赋能只局限于引入单个数字平台或工具设备,比如引入以计算机和互联网为基础的多媒体计算机教室、基于网络平台的在线学习资源、基于移动设备的电子书包等,未形成网络化的数字技术价值生态,导致技术柔性化不足和支持力度弱。Schaffhauser 的研究表明必须提供虚拟现实技术等适当的技术支持,提升教师的信心和能力。③ Watty 等人的研究也表明由于没有技术支持,许多院系拒绝采用数字技术。④ 高校学生工作管理部门在尝试进行数字化转型时往往更专注于对安全和舒适的追求而很少投资技术支持服务。

四、突破高校学生工作数字化转型困境的应对策略

美国高等教育信息化协会(2021)将高校学生工作数字化转型定义为通过

---

① Lillejord S, Børte K, Nesje K, et al. Learning and Teaching with Technology in Higher Education—A systematic review[M]. Osle: Knowledge Centre for Education, 2018.

② Chipembele M, Bwalya K J. Assessing E-readiness of the Copperbelt University, Zambia: Case Study[J]. International Journal of Information and Learning Technology, vol. 33, no. 5, pp. 315-332, 2016.

③ Schaffhauser D. Biggest Barriers to Digital Learning: Lack of Time, Lack of Devices[J]. The Journal and Campus Technology, 2017.

④ Watty K, McKay J, Ngo L. Innovators or Inhibitors? Accounting Faculty Resistance to New Educational Technologies in Higher Education[J]. Journal of Accounting Education, vol. 36, pp. 1-15, 2016.

文化转型、劳动力转型和技术转型，优化和转变高校的运营模式、战略方向和价值主张的系统性和全局性的创变过程。

（一）文化转型

1.营造基于数据的高校学生工作文化氛围，培育数字文化

高校学生工作数字化转型的核心是高校学生工作文化转型，是对文化氛围进行数字化深入变革的过程，是培育数字文化基因的过程，是高校学生工作生态的重塑。① 高校应注重营造基于数据的高校学生工作决策文化氛围，增强高校学生工作数字化建设，构建丰富的数字化学习环境，筑牢高校学生工作文化转型生态。

首先，建立新型合作关系，升华教师数据意识。将数字技术融入高校学生工作进程，满足学生和教职工的需求，探索学习新的方法，发挥数字化转型中文化转型的引领作用，加快数字化转型速度。其次，夯实数据基础建设，建立高校学生工作数据监测体系。数据的收集、分析、处理要考虑协调人与数据之间的关系，保障数据来源真实有效，避免分析技术失范而导致证据信息提取无效，营造良性的高校学生工作决策文化氛围。② 再次，优化数据治理结构，建立数据应用共享平台。在文化转型的驱动下，高校需要灵活调整高校学生工作资源配置，健全数字资源共建共享保障机制，通过跨部门协作进行组织模块重组，实现知识的共享，坚持以新理念指导高校学生工作文化转型生态建设。

2.夯实面向高校的整体规划布局，强化顶层设计

《关于推进教育新型基础设施建设构建高质量教育支撑体系的指导意见》和《中国教育现代化2035》的出台推动了我国高校学生工作数字化转型

---

① 郑旭东,周子荷.教育新基建三问：何为基？新在哪？如何建？[J].电化教育研究，2021,42(11)：42-47.

② 王宝义.大数据时代美国数据驱动决策系统教育的应用与启示[J].黑龙江高教研究，2019(4)：70-72.

的发展,随着高校学生工作数字化转型的持续推进,需要从文化层面进行系统规划,构建从国家再到学校的垂直治理体系,配套相应的政策和制度支持。

首先,高校学生工作管理部门要结合自身情况加强整体规划,企业、家校联动,制定符合高校学生工作内容和数字能力的数字化转型战略,尤其是教师数字领导力和学生数字素养方面的策略规划。其次,为制定符合自身情况的数字化转型实施策略,高校学生工作管理部门要设计数字化转型模型和评估检测框架作为高校学生工作转型的路径指引和实践抓手,推动教学、管理、研究等场域的数字化转型。同时,利用数据分析跟踪教学进度,调整转型策略,规避风险。再次,高校学生工作管理部门可采取国家政策和地方政策协调保障,制定高校学生工作数字化转型的相关政策和指南,比如数字质量保障制度、数字监管机制等政策支持,同时,发布与之相对应的行动指南。

3. 加大对于转型的资金投入力度,完善资源配置

数字校园的数字属性,对高校的信息化水平、终端设备等均提出了要求。各高校需要共同努力,持续建设高校学生工作数字化转型的基础设施,加大资源的建设和共享力度,持续投入资金,确保项目有效运行。

法国2013—2017年在学校的数字化基础设施上投入了约23亿欧元,为中小学师生配备高水平的数字化和网络数字设备。德国在2019年计划每年投入5亿欧元用于学校信息化平台建设和教师的数字资源支出。韩国在2021年资助了128亿韩元完善学校的数字化硬件设施,包括安装Wi-Fi和提供平板电脑。

(二)劳动力转型

为更好地适应高校学生工作数字化转型中思维方式和应用场景的转型,高校学生工作管理部门不仅需要为高校学生工作变革提供创新的管理和服务的领导者,更需要一批具备数字素养与技能的师资队伍。高校领导者需要学习如何重组劳动力,教师个体、学校组织共同体也应该适应数字化转型要求,提升教师数字胜任力,促进教师组织与管理体系变革。①

1. 培育首席数据官,把握高校学生工作数字化转型的劳动力转型方向

高校学生工作数字化转型具有多元化、包容性的特点。高校领导层应构建教师能力发展的制度与机制,实时调整相关工作人员的工作职责,加强对教师职业发展和人才管理的责任。高校学生工作管理部门同时要设置专门的首席数据官岗位,培育一支既具备大数据理念,又善于把控高校治理进程的新型领导队伍,促进高校各部门之间工作的协同联动,不断强化管理人员的数据管理能力和依据数据做出决策的能力,更好地发挥数据治理的优势,助力高校实现数字化转型的战略目标。

2. 提升师生数字素养,厚植高校学生工作数字化转型的劳动力转型基础

高校学生工作数字化转型的根本是实现人的意识和观念的转变。② 数字素养是21世纪的核心素养之一。高校要注重增强管理者、教师、学生和其他利益相关者的数字思维、数字能力和数字素养。为了支持和实现人才的"全人化"培养,提升数字素养应当从学生和教师两端相向推进:在教师端,要发展教师数字胜任力,注重促进教师的专业素养与能力发展,实现数字时代教师发展的专业化和数字化融合,提升管理者和教师基于数据进行决策和管理的意识和能力③;在学生端,注重培养学生的信息意识和数字思维等,培养学生在数字空间中的理性精神和审辩思维,以抵御数字化社会的风险,同时应开发基于学生数字素养的评估工具与标准,指导教师开展学生数字素养评估,培养多元创新人才。④

---

① 赵健. 技术时代的教师负担:理解教育数字化转型的一个新视角[J]. 教育研究,2021,42(11):151-159.

② 李敏辉,李铭,曾冰然,等. 后疫情时代发展中国家高等教育数字化转型:内涵、困境与路径[J]. 北京工业大学学报(社会科学版),2022,22(1):35-46.

③ 郑旭东,马云飞,岳婷燕. 持续推动数字时代的教师专业发展——基于挪威教师专业数字胜任力框架的考察[J]. 比较教育学报,2021(1):139-150.

④ 闫广芬,刘丽. 教师数字素养及其培育路径研究——基于欧盟七个教师数字素养框架的比较分析[J]. 比较教育研究,2022,44(3):10-18.

3. 跳出高校学生工作舒适区，创新高校学生工作数字化转型的劳动力转型路径

高校学生工作政策制定者、组织管理者应跳出"高校学生工作数字化转型只限于高校学生工作视角"的思维局限，深刻认识高校学生工作体系从工业时代转型到数字时代的本质，制定高校学生工作数字化转型的愿景，基于网络空间汇聚多学科、多地区的力量，转变"单学科、封闭式"的科研组织范式，促进高校学生工作的系统性变革。要重视数据驱动的循证式研究范式，产出引领数字化教学实践的新思想、新理论和新方法。

（三）技术转型

通过数字技术支持高校学生工作教学流程再造，通过多维数据的关联交叉分析，克服以往单凭经验难以发现高校学生工作问题的短板，增强高校学生工作管理能力。美国高校学生工作信息化协会发布的《2021年地平线报告（教学版）》指出了影响未来高校学生工作的六项关键技术和实践，即人工智能、混合课程模式、学习分析、微认证、开放高校学生工作资源和高质量在线学习。① 高校学生工作的技术转型不仅能够有助于及时获得学生信息，而且便于学生活动过程监控和动态调整，增强高校学生工作的决策能力，促进教学数字化的顺利转型。

1. 打破单一技术布局壁垒，建设技术共享的数字高校学生工作生态系统

高校管理者和专业教师需要协同梳理高校学生工作领域的学科知识，推广使用兼容的数据信息管理系统，共建融合联通的学科知识图谱体系，充分运用大数据和学习分析等技术分析师生的行为动态，为学情分析、学习过程监测、学业水平诊断提供依据，打通现有教材、课程和学科的边界，推动新工科、新医科、新农科和交叉学科等的交叉和融合发展，将 5G、人工智能、大数据、

---

① Kathe P, Malcolm B, et al. 2021 EDUCAUSE Horizon Report, Teaching and Learning Edition［DB/OL］. https://library.educause.edu/resources/2021/4/2021-educause-horizon-report-teaching-andlearning-edition＃materials,2021-04-26.

物联网、元宇宙等智能技术融入高校学生工作全流程,探索基于智能技术的创新教学模式,构建高等教育数字化转型一体化生态体系,促进智能技术应用与高校学生工作的深度融合。①

建立标准化的高校学生工作信息和数据共享平台或系统,解决当前高校学生工作信息资源使用效率低、逻辑性差和分散分布的问题。开发或设置高校学生工作信息资源接口,包括信息系统和数字技术产品之间的信息互用接口、不同高校学生工作管理部门之间信息交换的授权接口,以解决设备不兼容和信息版权保护的问题。建立和完善高校学生工作产品和设备的技术标准和信息共享机制,以整合数字资源。加强高校学生工作领域专家、实践者和技术研发人员之间的合作,以提高数字技术产品和信息系统与高校学生工作的适切度,设计和开发更为成熟的信息资源获取、储存和共享技术,提高高校学生工作信息资源的融合与应用。

2. 提高技术系统应用效果,确保技术支持的高校学生工作数字转型实践

高校学生工作组织领导者应为教师与学生构建数字化教学环境,提供相关技术支持,推广新兴技术支持下的校际协同、校企联动等灵活开放的教学组织模式,为学生的个性化发展提供更多的选择。培养智能学生活动环境中的技术应用能力,能够将大数据、AI助教等技术充分融入学生活动过程,实现对学生全过程的精准分析、对学生行为的精准预判,以及对学生管理的精准调控,满足学生的个性化需求。扩大数字技术的使用,通过数字资源进行第一课堂和第二课堂的管理,开发相应的课程以应对劳动力市场需求的变化,以及通过数字化来改善学生的学习体验。②

为了提高技术系统的应用效果,确保技术系统对高校学生工作数字化转型实践的支持质量,高校学生工作管理部门需要充分发挥人工智能、云计算、

---

① 郭文革,黄荣怀,王宏宇,等.教育数字化战略行动枢纽工程:基于知识图谱的新型教材建设[J].中国远程教育,2022(4):1-9.

② Bond M, Marín V I, et al. Digital Transformation in German Higher Education: Student and Teacher Perceptions and Usage of Digital Media[J]. International Journal of Educational Technology in Higher Education,2018,15(1):1-20.

区块链等的功能,对原技术系统进行技术优化,包括提高代码质量、增强架构合理性和改变测试策略等,构建多元化的技术融合服务体系。斯坦福大学2025计划、麻省理工学院"数字+"项目、加州虚拟校园在线高等教育计划、纽约州立大学奥斯威戈分校创建支持学校广泛采用智能技术的技术生态系统等,都启动了信息技术战略和智慧校园规划,旨在升级校园的物理和虚拟学习环境,将新兴技术与课程内容相结合,在促进参与和协作的同时实现更好的学习效果。

3. 确保数据信息系统安全,打造互联互通的数据治理体系

针对数据安全问题,2018年1月,教育部办公厅印发《教育部机关及直属事业单位高等教育数据管理办法》,旨在推进高校学生工作数据的规范管理、互联互通,确保数据安全。但面对复杂的高校学生工作数据,还需进一步完善数据治理体系。

一是国家层面还需要完善数字技术产品的安全监管和评估体系,加强数字技术应用的监察力度,加强对高校学生工作数据采集、使用和储存的管理,保障高校学生工作领域所应用的数字技术产品和服务的安全和质量。比如,建立对应的数字技术监督和认证机制,发布数据质量管理办法等。二是高校学生工作管理部门需要加强对数字技术风险的识别和评估能力。在使用数字产品或者信息系统前需要系统评估其可能存在的风险,并要求服务提供方对可能的"技术漏洞"进行针对性的技术应对。比如,对数字产品进行韧性评估、数据偏差和防更改测试。三是数字产品开发方需要对其产品进行持续的开发和完善,从技术层面加强数据安全保护,以消除教师、学生和家长对数据安全的担忧。比如,利用区块链等新兴技术完善数字产品的安全机制。

五、结论

在高校学生工作管理部门实施数字化转型之前,政策制定者需要更多地了解转型过程中遇到的障碍并调整策略。不同背景下的高校学生工作管理部门数字化转型所面临的障碍是不同的。例如,孟加拉教育组织、阿拉伯联合酋长国教育管理部门以及印度尼西亚高校学生工作组织的数字化转型的障碍就

有不同之处。① 本研究通过具体地分析中国高校学生工作的特定环境,提出了影响高校学生工作数字化转型的类别,概述了高校学生工作部门数字化转型的具体障碍。总的来说,障碍的分类将使政策制定者更好地理解障碍,并为如何有效实施数字化转型提供新的见解。概括地讲就是采用自上而下和自下而上相结合的方法推进高校学生工作数字化转型。自上而下的方法是基于高校学生工作数字化转型战略将数字技术嵌入学生的管理过程中,建立教师、学生和其他利益相关者之间的联动机制,促进数字技术和空间资源共享和融合,整体运作以满足高校学生工作变革的需求;自下而上的方法是通过建立多元化的支持和服务来促进数字化转型活动之间的有效整合,在评价中更新转型方法,在学习中引入个性化资源推荐等逐步改变现有高校学生工作业态。

---

① Aditya B R,Ferdiana R,Kusumawardani S S. Identifying and Prioritizing Barriers to Digital Transformation in Higher Education: A Case Study in Indonesia[J]. International Journal of Innovation Science,2021.

新时代边疆高校实践育人的发展历程与经验启示

黄秋梅　王　文

摘　要：高校思想政治教育工作需要发挥十个方面育人功能，构建"十大"育人体系，实践育人质量提升是其重要一环。高校实践育人工作主要通过社会实践活动展开，经历了奠基、探索、深化三个历程。回顾边疆高校实践育人的发展历程，针对已取得的意识形态教育质量提升、实践育人品牌高质量发展、驻扎边疆青年人数跃升的三大重要成就，指出新时代边疆高校应守正创新，不断推进意识形态教育，树立"实践＋思政"育人理念，搭建产学研协同研究机制，注重实践育人评价反馈的经验启示，指导新时代边疆高校实践育人获取新成效。

关键词：实践育人；历史实践；边疆地区

广义的社会实践活动是人类认识世界并改造世界的各种活动。高校社会实践活动是指高校学生利用课余时间或节假日参与社会政治、经济、文化生活的教育活动。它能帮助学生加深对本专业以及社会所需人才的认识。高校社会实践主要分为三种：一是侧重于经济利益，利用社会实践活动赚取零钱补贴家用；二是侧重公益志愿，在实践活动中奉献爱心，回馈社会；三是侧重技能锻

基金项目：广西高等教育本科教学改革工程项目"课程思政与思政课程协同育人共同体的构建与实践"（课题编号：2022JGB203）。

作者简介：黄秋梅，桂林理工大学马克思主义学院硕士研究生，研究方向为高校学生党建与思想政治教育；王文，桂林旅游学院副院长、研究员，法学博士，硕士生导师，研究方向为高校思想政治教育和高等教育管理研究。

炼,在实践中加强技能学习。中共教育部党组 2017 年印发《高校思想政治工作质量提升工程实施纲要》,指出高校思想政治教育工作需要发挥十个方面育人功能,构建"十大"育人体系。① 实践育人质量提升体系是其中重要的一环,要求高校坚持理论教育与实践养成相结合,整合各类实践资源,丰富实践内容,创新实践形式,拓展实践平台,教育引导师生在亲身参与中增强实践能力、树立家国情怀。

在独特的地理位置、历史传统、民族风俗、宗教信仰、非传统安全等诸多因素的共同影响下,边疆高校开展社会实践教育涉及的内容很多,工作量很大,更应长期坚持。系统梳理新时代边疆高校实践育人的历史实践、总结其特色成果,并对新时代如何加强我国边疆高校实践育人进行探析,对新时代边疆高校实践育人工作的推进和青年学生的全面发展有着重要意义。

一、边疆高校实践育人工作发展历程回顾

(一)奠基:社会实践活动倡导准备期(1980—1996)

边疆高校开展实践育人工作主要以暑期"三下乡"社会实践活动为主,其他实践活动为辅。20 世纪 80 年代初,随着改革开放的发展,我国高校学子渴望走出学校,走出舒适圈,渴望了解国情,投身社会主义建设实践的热情达到第一轮高峰。随之国家相关部门针对大学生社会实践工作出台了一系列文件并提出要求。各地高校纷纷响应,以清华大学为代表的高校率先提出"振兴中华,从我做起,从现在做起"的口号后,西部边疆各高校随之行动起来,掀起大学生参加社会实践的热潮。1987 年,中共中央、国家教委、共青团中央纷纷出台了一系列关于加强高校思想政治教育与广泛组织高校学子参加社会实践的意见,强调教育要与生产劳动相结合,实践是进行教育的重要方式。在此期间,以新疆大学为首的边疆高校开始将国家三线建设活动融入日常的劳动教育、实践教育中,开展了解国情民意、革命教育的社会实践。1990 年,国家相关

---

① 教育部发布《高校思想政治工作质量提升工程实施纲要》[J].高等职业教育探索,2017,16(6):33.

部门联合开展了大中专学生暑期社会实践活动,西藏大学在拉萨市科协帮助下,第一时间组织科技、农牧、卫生下乡,主要针对牧区牧民遇到的畜牧类问题进行答疑与专家帮扶。该阶段的实践目的在于帮助边疆高校学子正确认识国情民意,了解三线建设进程,接受革命传统教育。但当时边疆高校社会实践活动主要由团委负责,缺乏有力领导和层级分明的方针政策,边疆各高校开展社会实践的积极性还有待提升,主题性、实效性远不如预期。

(二)探索:社会实践活动起步发展期(1997—2012)

1997年,"三下乡"活动在全国正式开启,"三下乡"的浪潮也在全国高校中卷起。边疆各高校紧跟共青团中央号召,提升"三下乡"社会实践参与人数。紧接着,与"三下乡"社会实践活动功能相似的中国青年志愿者扶贫接力计划(下称"研支团")也在1998年开始组建。2003年,团中央、教育部根据当年大学生就业工作开始组建大学生志愿服务西部计划队伍。队伍建立之初,广西、云南、西藏、新疆四省(自治区)高校学子就参与到基层检察院志愿服务行动中;内蒙古、广西、青海、宁夏四省(自治区)率先参与农村平安建设志愿服务行动。2010年,《教育部关于进一步推进对口支援西部地区高等学校工作的意见》指出,需要大力推行以强化实践教学为核心的人才培养模式改革,将创新创业教育贯穿教学全过程。位于祖国北疆的黑龙江大学开始改进实践育人工作,将实践与其他活动相结合,重点培育实践团队,将社会实践作为评奖评优考核标准。2012年,教育部等部门联合发布《关于进一步加强高校实践育人工作的若干意见》,对高校实践育人工作重要性作了阐述,提出要统筹推进实践育人各项工作,包括强化实践教学环节、深化实践教学方法改革、着力加强实践育人队伍建设等。云南大学、广西大学都围绕该意见,结合红色文化实践基地强化实践教学,同时培育专门实践教育工作队伍。该阶段边疆高校实践育人工作对比前一阶段,参与实践人数大幅度提升,社会实践类型丰富且呈特色化发展趋势,实践流程规范化。

(三)深化:社会实践活动繁荣发展期(2013至今)

2012年末,国家人口计生委办公厅下发了《关于2013年深入开展文化科技卫生"三下乡"活动的通知》,该通知要求高校加大社会实践的参与程度,努力把社会实践活动提高到新水平。该通知把边疆高校开展社会实践活动的人数、次数都推向了新的高峰。党的十八大召开后,边疆高校大学生社会实践活动在继承以前经验的基础上获得了新的发展,并不断深化成熟。广西高校大学生自行筹备暑假大型环保实践活动——呵护珠江水系;西藏农牧学院开展雅鲁藏布江支流尼洋河北岸环境监测社会实践;贵州高校搭建"走遍神州大地,醉美多彩贵州"直播助农、直播宣传"创意、创新、创业"实践平台。2022年2月,中央宣传部公布了2021年度全国文化科技卫生"三下乡"活动示范项目、优秀团队、服务标兵的名单,边疆高校团队与学子获得数十项奖项。同年,习近平总书记在二十大报告中呼吁广大青年要怀抱梦想又脚踏实地,敢想敢为又善作善成。该阶段边疆高校社会实践特点鲜明:一是针对地区学子思想变化发展进行社会实践活动常态化;二是社会实践活动多重细分,符合地区发展要求、专业发展要求、时代发展要求;三是实践过程更加规范、实践评价机制逐步完善。边疆高校社会实践活动在2012年后高速繁荣发展,并随着时间的流逝继续高速向前,走向新的发展高峰,其实践育人工作朝着规模化、规范化、特色化、时代化方向发展,为新时代中国式现代化发展添砖加瓦。

二、新时代边疆高校实践育人的成就检视

(一)意识形态教育贯穿全过程,增进了边疆学子的国家认同感

边疆民族地区由于独特的地理位置,在我国社会发展和国家稳定层面有着重要的战略地位。近年来,各种境外敌对势力采取各种各样的方式对我国进行意识形态渗透,企图破坏我国民族团结与社会稳定。面对各种敌对势力造成的社会思想动荡、多元价值观的交锋和冲击,高校更要加强主流意识形态的教育,丰富大学生的精神世界,增进大学生的国家认同、政治认同。进入新时代,边疆高校积极推进民汉合班合住的社区文化建设,进一步增强边疆民族

地区人民的国家认同。① 如新疆、内蒙古、云南各地区边疆高校在选取学生进行地区社会实践活动时,都青睐本省(自治区)民族聚居地区。在民族地区,大学生进行社会实践活动,需要提前了解地区发展情况,与当地村民同吃同住、共同成长。边疆高校民汉合班合住的做法有效促进了大学生参与地区民族社区文化建设,在进行社会实践的过程中有效推进了民汉社区建设,向当地村民宣传普及国家先进理论政策,进一步增进边疆民族地区人民的国家认同、政治认同。除此之外,边疆高校还通过实践教学、军事训练等实践育人活动,对每一位学生发展的全过程、全方面、全平台、多渠道地进行主流意识形态的熏陶,为每一位学生的成长成才保驾护航,使每一位学生正确认识和把握当前国家形势、地区发展状况,深刻理解和认同国家的方针政策、地区的工作目标。同时,通过主流意识形态教育贯穿全过程的实践体验,强化高校内外各民族大学生、居民的国家意识、民族团结意识、中华民族共同体意识,增强各民族学生的反分裂、反渗透意识,自觉抵御和防范敌对势力、错误思想观念的渗透。②

(二)实践育人品牌涉及多领域,打造出高质量发展特色集群

边疆高校在实践育人工作中,聚焦新时代乡村振兴的发展战略,搭建了一系列地区实践基地,并在多领域凝聚打造了实践育人品牌。在发挥地区环境育人功能、改善当地社会风气的同时满足学生成长成才的发展需求。首先是教学实践品牌。桂林理工大学地质地理综合实践基地于2022年挂牌,基地的建立使该校进一步巩固与保护区管理部门和当地居民友好相处、资源共享、优势互补、相互协作、互惠互利的发展关系,加强协作,共同努力建设好校外教研实践基地,以保证学生校外实践的质量和效果。该教学实践基地在实践育人的同时聚焦乡村振兴发展,发挥地区环境育人功能,极大

---

① 孙大永.试述我国大学生社会实践研究的主要成就[J].山东工会论坛,2014,20(4):155-157.
② 亚里坤·买买提亚尔,张万龙.新疆高校实践育人的经验与现实思考[J].学校党建与思想教育,2018(24):43-45.

地拓宽了学生的视野,并让学生在实践过程中提升了自己的综合素质。其次是红色血脉传承品牌。新疆高校在实践育人的全过程中,将兵团红色文化、边疆红色血脉以及历史文化传统与校情校史相结合,积极将静态二维的史实资料转化为动态生动形象的育人实践,打造红色血脉传承品牌。再次是创新创意创业品牌。边疆高校积极引导学生参加地区内志愿服务西部计划、暑假"三下乡"社会实践活动、互联网+地区农副产品产销活动等,创办寒假返乡宣传以及"民族团结一家亲"等品牌。最后是边疆高校/区域高校学术交流品牌。边疆各高校积极利用国家对边疆地区特殊照顾以及西部大开发战略,根据自身所处地区的区位特色,紧扣社会稳定和国家长治久安的总目标,先后开展大中小各类型学术交流平台,如"昆仑名师讲台""民族地区高校马克思主义理论学科研究生论坛""西部边疆讲坛"等。边疆高校学术交流品牌邀请国内外专家学者对大学生进行授课、交流,引导边疆高校学子挖掘区域特色,通过自己的点滴力量推进乡村振兴的建设。综上,边疆高校在实践育人的过程中聚焦乡村振兴战略,发挥地区环境育人功能,创建了涉及各领域的实践育人特色品牌。

(三)积极开展先锋模范宣传活动,培养出一批新时代好青年

先锋模范是一个时代引领人民不断前进的榜样力量。边疆高校在实践育人的过程中积极主动倡导开展学习先锋模范活动,在一次次下乡实践中汲取前行动力,培养了一大批有理想、敢担当、能吃苦、肯奋斗的新时代好青年。"百色的大山,你是最美的朝霞;脱贫的战场,你是醒目的黄花"歌颂的是广西大山的女儿黄文秀。2020—2021年,广西各地市高校纷纷开展学习黄文秀的社会实践活动。在进行系列社会实践活动的过程中,涌现出了一大批勇于奉献、甘于奉献的青年人才。新疆维吾尔自治区的加思来提·麻合苏提同志一生用生命书写对党的事业的无限忠诚。新疆高校积极倡导大学生学习加思来提·麻合苏提生命不息、战斗不止的精神,举办系列社会实践活动向先锋模范学习,培养了一大批愿意留在家乡、奉献家乡、打造清廉家乡的青年人才。西藏高校实践育人积极依赖区域人才的带动。西藏大学副校长白玛次仁曾说过

"无论是出思想还是出成果,都依赖于出人才,都通过辈出人才来实现"。西藏高校积极宣扬桂桑在珠峰入党的实践过程,利用先锋模范的带头作用,带动和影响当地青年大学生,使他们形成积极向上的世界观、人生观和价值观。边疆高校在推进实践育人过程中,积极倡导开展学习模范活动,培养堪当民族复兴大任的时代新人,一定程度上减缓了地区人才流失的速度,为推动本地区的发展加油献力。

三、新时代边疆高校实践育人的经验启示

(一)坚持科学理论指导,不断推进意识形态教育

新时代下,边疆高校做好实践育人的工作,需要马克思主义科学理论的指导,筑牢思想政治教育的科学理论之基。① 坚持科学理论指导,做好边疆高校实践育人工作思想引领"三步走"工作是重中之重。首先,发挥思想政治教育理论课与大学生成长成才教育课的主渠道宣传作用,立足本地区学生的思想实际,在教育过程中丰富基础理论教育内容。边疆高校可利用当地资源,在校内课程中设置马克思主义民族理论、民族法律内容以及民族宗教信仰等通识课程。其次,将思想政治教育内容与社会实践活动相结合。边疆高校可以借助当地红色资源与红色文化,将中华民族优秀传统文化渗透在学生日常生活之中。在社会实践中挖掘思想政治教育的素材,满足大学生实际发展的需要,有利于培养边疆高校大学生的爱国主义情怀,增强他们对优秀传统文化的认同和对本民族地区文化的认同,在文化的洗礼下成为有理想、敢担当、能吃苦、肯奋斗的新时代好青年。最后,思想政治教育与国家时事政策紧密结合。丰富扩展思想政治教育内容,还有一个重要渠道来源于国家的时事政策解读。将中国特色社会主义理论体系和边疆民族地区的战略发展培育结合起来,充分结合社会主义核心价值观和民族教育方针,全面落实马克思主义宗教观教

---

① 孙秀玲.边疆民族地区高校文化育人的探索与实践——以新疆师范大学为例[J].思想教育研究,2014(7):36-39+44.

育以及民族团结教育,帮助学生树立正确的三观导向,加强认识,促进少数民族学生的爱国情怀与共产主义信仰的形成。

(二)把握地区学生特征,持续深化实践育人理念

高校思想政治工作的核心是高素质的教师,其专业素质的高低直接关系到高校思想政治工作的成败。边疆高校教师需要把握地区学生特征,持续深化实践育人理念,切实做好教学前思想准备。① 首先,边疆高校推进实践育人工作需要充分理解党的教育方针。把握边疆地区学生基本特征,坚持"立德树人"的教育根本任务不动摇,实践育人、实践育德。2023年教育部提出新时代需要发展素质教育,显著扩大教育优质资源,着力培育新时代四有青年。边疆高校集中位于新型城镇化发展区域,必须真正把"教育与推进城镇发展"相结合,真正落实实践育人工作。其次,边疆高校持续深化实践育人理念需要做到"三贴近"。理论联系实际是马克思主义的本质要求,也是中国共产党的优良传统作风。边疆高校深化实践育人理念需要尽可能地贴近学生专业实际、贴近社会生活实际、贴近未来生产发展实际,以科学理论指导、针对性强、实效性强的实践活动帮助本地区学生成长成才、健康发展。最后,边疆高校实践育人工作要与时俱进、学科交融。边疆高校应落实习近平总书记强调的思想政治教育工作必须做到"因时而进,因势而新",积极搭建各学科交流实践平台,对学生社会实践活动进行科学指导及亲身演示,用"体验式"教学模式加强学生参与社会实践活动的主动性与积极性。

(三)推进实践平台建设,充分发挥产学研协同机制

新时代下,边疆高校在大学生教育工作中需要将理论教育与实践教育相结合,持续推进实践平台建设,让涉及多领域的实践品牌助推乡村振兴战略实施。边疆高校思想政治教育需要重视实践经验积累,加强专业性与社会性融合,推进实践平台建设,促进产学研协同机制起作用。首先,边疆高校需要更

---

① 王凤鹏.提升高校共青团社会实践育人成效分析[J].广东职业技术教育与研究,2017(6):38-40.

加重视学生实践经验与能力水平提高。充分利用实验室,强化课外科技活动,进一步加快创新创业平台建设,充分利用信息管理系统、大数据等新技术和新方法,激发创新精神,强化实践能力。① 其次,边疆高校应加大对实践育人的投入力度,对实践育人工作给予充分的资金保障,搭建更大、更宽、更好的实践教学平台,并配备专业专职师资队伍。再次,边疆高校应积极创建以高校为核心,政府部门、行业组织、企事业单位一体化的实践育人共同体,结合市场需求、当地特色开展实践活动,协调实践育人与理论育人、服务育人等关系,促进高校内涵式发展。最后,边疆高校应积极促进实践育人平台搭建与乡村振兴战略相衔接。边疆高校集中位于乡村振兴战略实施重点区域,可以响应国家乡村振兴的号召,针对性地搭建生产劳动、产销结合、旅游应用一体化的社会实践平台。充分利用政府、企业、社会等优势资源,积极寻求政府的政策支持,最终实现政策有效对接。

(四)注重双重评价相结合,更加凸显实践先锋引领作用

新时代边疆高校推进实践育人工作需要注重形成性评价与总结性评价双重评价相结合,加快实践育人评价体系,以评价促成长,更加凸显先锋模范作用。首先,边疆高校领导层应重视实践育人工作,熟悉实践育人的内涵和实质,将实践育人作为边疆高校教育创新发展的重要突破口,转变观念,在教育的过程中将实践作为达成目标的手段。其次,边疆高校可以从实践育人方式方法、实践育人过程运转、实践育人结果呈现三方面构建实践育人双重评价指标体系。新时代高等教育发展给边疆高校提出了新的要求,需要边疆高校注重实践育人方式方法多元化、实践育人过程运转可复制性强、实践育人成果呈现可持续发展。最后,完善实践与评价、课程、思政三者相联系、相协同的教学机制。一是实践课程与课程实践评价相联系。在思想政治教育与劳动实践教育中,运用不同的评价手段、评价方法,对大学生日常活动进行综合性评价。在以劳动实践为主的校内社会实践活动中,搭建课程思政的评价体系,评价贯

---

① 杨慧香,王晖,陶晓巍.美国工程类高校实践育人的经验借鉴及启示[J].中国管理信息化,2021,24(15):238-239.

穿实践过程的各个方面。二是社团实践与实践社团同发展。新时代,为满足高校学子日益增长的美好生活需要,高校可以创办实践类社团,并将实践育人作为社团的根本任务。三是实践思政与思政实践相协同。边疆高校在高校思想政治教育中可以以一体化教学为导向进行教学活动的设计,使其与教学相结合。注重双主体、三层面的综合评价是边疆高校"面向未来"发展提出的新要求,新时代边疆高校实践育人工作应着眼于地区新发展,立足长远利益,发挥实践先锋模范引领作用,接续培养堪当民族复兴大任的时代新人。

大思政格局下高校学生会(研究生会)深化改革的路径探索
——以广州市部分高校学生会改革探索为例

李 庆

摘 要:高校学生会(研究生会)组织与高校共青团作为党领导下的群团组织,是高校大思政格局的重要组成部分,自《学联学生会组织改革方案》实施以来,广州市部分高校学生会组织改革取得阶段性成果,但是在每年的实地考察、访谈、组织满意度测评问卷等考核验收中,对标党对学生干部的要求,对照自身队伍建设的需要,改革也遇到不少问题。在深化改革中,广州市对新时代高校学生会(研究生会)组织改革再思考,从增强学生会组织的引领力、组织力、服务力,以问题为导向提出相应的对策及建议,探索新时代高校学生会组织深化改革的有效路径。

关键词:大思政;高校学生会(研究生会);深化改革

高校学生会(研究生会)是在学校党委领导和团委指导下组织建立的大学生"自我管理、自我教育、自我服务"的自治组织,是高校学生工作的主力军。高校学生会(研究生会)组织与高校共青团作为党领导下的群团组织,是高校大思政格局的重要组成部分,在高校立德树人中心工作中有着不可替代的作用。在大思政格局下,把握功能定位,履行职责使命,推动学校团组织切实发挥政治功能,为新时代高校深化共青团改革进一步指明了方向,同时也进一步

作者简介:李庆,女,广州市团校教研部教师,讲师,研究方向:青少年思想政治教育和干部培训。

拓展了深化高校共青团改革研究的思路和空间。① 在强化大学生思政教育过程中,相对于高校教育部门与专职教职工而言,新时代高校学生组织尤其是学生会凭借鲜明优势与特征占据重要地位,成为必不可少的力量,在大学生思政教育体系中发挥重要作用与功能。② 为更好地推动高校学生会改革,根据共青团中央、教育部、全国学联联合下发的《关于推动高校学生会(研究生会)深化改革的若干意见》以及《高校学生会组织深化改革评估工作方案》的要求,由各地学联对各高校进行深化改革任务验收和考核。验收通过实地考察、访谈、填写组织满意度测评调查问卷的方式进行,因此能够深入了解所调研高校学生会(研究生会)改革中的困难和疑惑。

一、广州市高校学生会（研究生会）改革基本情况

广州市市属高校一共有12所,负责考核高校学生会(研究生会)的是广州市学生联合会(以下简称"市学联"),市学联是市委领导下的全市高等学校学生会、研究生会和中等学校学生会的联合组织,是党和政府联系学生的桥梁和纽带。根据《关于推动高校学生会(研究生会)深化改革的若干意见》细化形成评估验收项目和指标清单,所列具体指标完成率90%以上(核心指标全部完成)的高校学生会(研究生会),认定为通过验收。考核指标要求,必须将自评情况进行网络公示,因此每个高校的改革情况都可以在互联网上看到。公示内容涉及改革的各方面,包括改革自评表、大学学生会章程、校级组织工作机构组织架构图、校级组织工作人员名单、校级组织主席团成员候选人产生办法及选举办法、校级学生代表大会召开情况、校级学生代表大会代表产生办法、校团委指导学生会主要责任人等。其中自评共涉及19项指标,按照3项核心指标需100%完成,16项非核心指标需至少完成14项的标准。考核的标准十分严格,在短时间内各高校学生会(研究生会)改革取得了一定的成绩。

---

① 于小雷.2020年度深化高校共青团和学生会改革研究[OL]. https://mp.weixin.qq.com/s/DjArPqAa7k-1wKC3ZYWgRw,2021-06-21.

② 韩雪,李昉睿.高校学生会思政教育功能分析[J].中学政治教学参考,2023(9):83-84.

（一）高校学生会（研究生会）改革的发展性规律和阶段性特点

随着高校学生会（研究生会）改革不断深化，很多高校按照《关于推动高校学生会（研究生会）深化改革的若干意见》要求，从学生会组织的职能定位、组织架构、培养管理等方面进行深化改革①，取得了一定的成效。

1. 找准了方向——以习近平总书记关于青年工作的重要思想和关于教育的重要论述为指南

习近平总书记致信祝贺全国青联十三届全委会和全国学联二十七大召开，并强调："青联和学联组织要紧跟时代步伐，把握青年工作特点和规律，深化改革创新，组织动员广大青年和青年学生坚定跟党走、奋进新时代，为党和国家事业发展作出新的更大的贡献。"②习近平总书记关于青年工作的重要思想和关于教育的重要论述，为新时代青年学生的成长成才指明了前进方向，是做好新时代高校学生会（研究生会）工作的根本遵循。

2. 找准了定位——联系学生的桥梁和纽带

高校学生会（研究生会）的定位已有所转变，它直接受高校党委领导，是进行思想政治教育、为广大学生提供服务的关键组织。这也表明高校学生会（研究生会）是党联系广大学生的重要桥梁与纽带。而要充分发挥这一桥梁和纽带作用，需精准领悟党的声音与主张，并以恰当的方式传递给学生，引领广大学生一心向党、坚定跟党走，将个人理想融入党和人民的共同奋斗目标之中。与此同时，学生会组织还应代表最广大学生的利益，为学生代言，维护学生的合法权益，保持其群众性特征。

---

① 于小雷. 2020 年度深化高校共青团和学生会改革研究［DB/OL］. https：//mp.weixin.qq.com/s/DjArPqAa7k-1wKC3ZYWgRw ，2021-06-21.

② 习近平. 习近平致全国青联十三届全委会和全国学联二十七大的贺信［N］. 新华社，2020-08-17.

3. 找回了宗旨——回归到服务同学的宗旨

学生会也是"小社会",在未改革之前还是存在一些"官僚气"。我们要找回宗旨,建设根植同学的学生会,要让学生会"接地气",植根同学、依靠同学、代表同学,听取、收集同学的普遍需求和现实困难,及时反馈给学校,有效解决同学的问题。始终坚持源自同学、回归同学,把同学的满意度作为工作成效的衡量尺度,真正把学联学生会建设成同学们能够念想、能够寻得、能够依靠的温暖之家。

4. 找准了方法——适合本校的改革方法都是好方法

学生会改革是大的方向指引,具体每个学校的实际情况其实是不一样的,探索一条适合自己学校的改革方法是改革成功的关键。例如在精简学生会部门和成员这个问题上,人员从平常的200人缩减到30多人,工作量却没有减少,这就得寻求解决方案。有的学校是以项目化方式招募志愿者,丰富了团学工作的社会实践内容;有的学校则是分散任务到院系和班级,加强了班级—院系—学校的三级联动。在完成改革的道路上,各个学校都在经历改革的阵痛期,都在寻求适合自己的改革路径。

5. 完善了制度——保障学生干部健康成长

各高校建立了比较完善的学生干部选拔、考核、培养、使用、淘汰、退出办法,对于学生干部的健康成长提供了强有力的制度保障。例如,进一步完善学生会(研究生会)工作人员的遴选机制,规范学生代表大会流程,确保公平性;坚持高标准、严要求,把好政治关、学业关、作风关、能力关;让述职评议赋能学生会健康发展,督促学生干部的工作等。

(二)改革中遇到的问题和困难

高校学生会(研究生会)作为党领导下的主要学生组织,其改革进程与共青团改革不断深化密不可分。对高校学生组织改革的相关研究的主要表现形式是改革路径探析和改革工作案例。有学者分析现阶段我国高校学生会(研究生会)"改革再出发"的现实困境与制约因素主要有职能定位不够清晰、工作载体不够有效、联络机制不够通畅和骨干引领不够有力等。① 广州市部分高校学生会(研究生会)在改革过程中也出现了一些亟待解决的问题。

1. 学生会(研究生会)的思想引领力有待提高

首先,部分高校学生会(研究生会)的干部理论学习不够,理论素养较低。通过调研,改革后学生会干部人数急剧减少,工作任务仍然未改变,给现有的学生干部带来了一定的压力。既要把工作做好,又要把学习搞好,很难平衡工作与学习。除青年大学习外,个人主动学习理论严重不足,致使学生干部理论素养没有得到提升,在一些舆论热点问题上不懂得正面引导青年学生。

其次,学生会(研究生会)的准入标准提高。如:"学生会组织工作人员必须为共产党员或共青团员。"为了体现团员的先进性,《关于加强新形势下发展团员和团员管理工作的意见》中要求,2018年底将高中阶段(含中等职业学校)毕业班团学比例控制在60%以内,之后进一步降低这一比例。这对于高职的学生会成员的招收是一大挑战。又比如,按要求学生会组织工作人员最近1个学期或学年学习成绩综合排名应在本专业前30%,且无课业不及格情况。这些条件对于普通学生还是有难度的,这就使得部分学生产生了畏难心理,有部分学生无法进入学生会(研究生会),甚至是在学生会(研究生会)改革中必须退出,这对学生会(研究生会)的思想引领力有所影响。

2. 学生会(研究生会)的组织力有待加强

一是部分学生干部存在自身定位不够准确,学生会(研究生会)主责主业不够聚焦,组织的活动存在无思想性、无组织性甚至泛娱乐化的倾向。

二是在选择工作人员上,学校和院(系)存在着"抢人"现象。学院(系)学生会(研究生会)改革与校级相呼应,原则上标准是一致的,《关于推动高校学

---

① 蔡颖蔚,陈浩,曲直.新形势下高校学生会组织深化改革路径研究[J].高校共青团研究.2020(1):166-170.

生会(研究生会)深化改革的若干意见》中指出:"校级学生会工作人员中来自学院(系)学生会的成员不少于50%。"这就使得三级联动存在衔接性问题,尤其是在人手严重不足的情况下存在"抢人"现象。

三是部分大专院校多为三年制,学生会骨干的培养需要至少一年以上的时间,当这些学生干部骨干挑起大梁的时候,第三年又要出去实习了。一来担任骨干的时间不够一年,二来学生会还没来得及换届和交接相关工作,大部分干部就出去实习了,这给学生会的衔接工作带来了难度。

四是组织机制不够健全,有效监督部分不到位。在一项高校的调查中显示,在"您觉得院学生会当前最迫切需要解决的问题是什么?"的问题中,72.77%的被调查者选择了"常规监督不够完善,同学不能恰当行使监督权",居于众问题之首。① 这表明高校学生会(研究生会)在内部缺乏监督,无论是上级监督还是下级监督都比较薄弱。

3."全心全意为同学服务"宗旨意识有待加深

一些学生会(研究生会)的活动缺少事前的调研,举办的时候重活动轻服务,表面上活动热热烈烈,其实只是部分自己人小圈子的"自嗨",没有大多数同学的参与,缺少群众基础。有些学生会成员往往唯老师的命令是从,却很少关注学生的意见。习近平总书记曾经深刻地指出思想政治工作的本质要求,应当要服务学生、围绕学生、关照学生。学生会(研究生会)想要有效展开思想政治教育工作,也应当遵循这个原则,关注、思考、理解广大学生的利益需求。② 同时学生会(研究生会)工作缺少对学生意见的反馈机制。学生会(研究生会)的作用是代表学生的声音,如果学生会不能及时收集以及反映学生的问题和看法,就达不到为学生服务的目的。还有就是学生的申诉渠道窄,很多积压的问题得不到解决,这就导致类似"大姐大"查寝事件只能通过舆论曝光的形式来传播,激化矛盾。

---

① 高大伟.新形势下高校学生会组织改革与转型发展探索——以南京某高校为例[J].文化创新比较研究,2020(4):111-112.

② 伏鑫.高校学生会在大学生思想政治教育中积极作用的发挥[J].文化创新比较研究,2021,5(4):15-18.

二、以问题为导向的对策及建议

改革只有进行时,没有完成时。为深入贯彻党的二十大精神,深入贯彻落实习近平总书记关于青年工作的重要思想,进一步深化新时代高校学生会(研究生会)改革和建设,不断提升同学满意度、大局贡献度和社会认可度,我们要在党的领导和团的指导下,持续把学联学生会改革向纵深之处推进,使其经得起长期的考验,显著展现改革成效,赢得同学的信赖,凸显组织的价值所在。

(一)提高政治高度,提升学生会(研究生会)的引领力

学生会(研究生会)的成员是高校先进学生的代表,要进一步加强思想引领,不断强化思想建设。坚持以习近平新时代中国特色社会主义思想为指导,聚焦立德树人根本任务,推动用党的科学理论武装学生会(研究生会);用党的初心和使命,感召引领学生会(研究生会);用马克思主义的历史眼光、理想信念和科学方法来启示、指导学生会(研究生会)工作。

1. 加大思想政治培训——完善青年马克思主义者培养

塑造学生会干部自身的引领力是至关重要的,这需要他们牢记习近平总书记对青年提出的争做"五个模范"的要求,并接受相应的培训。我们深知,优秀的学生干部并非天生就具备所有的能力和品质,他们的成长是一个渐进的过程。在这个过程中,个人的不断积累起着重要的作用,但更不能忽视的是对其思想政治素养的精心培养。一名优秀的学生会干部,不仅要有出色的组织能力和领导才能,还要有坚定的理想信念和高尚的道德情操。他们应当在思想上与时代同步,积极响应党的号召,关心国家大事,关注同学们的需求,努力为大家提供更好的服务。同时,通过培训,学生会干部要能够更深入地理解和践行"五个模范"的要求,不断提升自己的综合素质。他们应以更高的标准要求自己,以身作则,成为同学们的榜样和引领者。因此有针对性地开展干部培养,培养其坚定理想信念,强化其政治信仰,显得尤为重要。例如,广州市团校

深入高校开展"青马工程"专题调研,从调研的结果中了解每个高校的实际情况,开展市属高校"青马工程"项目,实施定制式培训模式,联合打造"一校一策"品牌项目,做好新时代青年马克思主义者培养工程。

2. 做好青年化思政理论阐释——组建学生干部宣讲团

组建学生干部宣讲团,做好党的创新理论"青年化"阐释,用"青言青语"让党的理论融入高校的生活与学习,指导学生工作,指导青年学生成长,为高校学生带来不同的思政课。这支宣讲团将致力于做好党的创新理论"青年化"阐释,采用青年学生们喜闻乐见的"青言青语"进行宣讲。通过这种方式,让党的理论不再是枯燥乏味的条文,而是能够与高校学生的实际生活紧密结合,成为他们成长道路上的重要指引。宣讲团的活动范围不仅限于高校,还将走进中学和社区。在高校里,他们将为学生们带来别开生面的思政课,让学生们更加深入地了解党的理论,激发他们的爱国情怀和奋斗精神。在中学,他们将为青少年们种下理想的种子,让党的创新理论在青少年心中生根发芽。在社区,他们将与居民们分享党的理论的智慧和力量,促进社区的和谐与发展。例如团广州市天河区委的"育苗工程"项目,充分发挥辖区内丰富的高校资源,发动优秀大学生青年马克思主义者参与中学入团前教育和团员先进性教育。通过创新开展"大学生带中学生、青年带青年"的朋辈教学模式,对中学生进行党史学习教育、政治理论学习、社会实践锻炼等制度化培养。

(二)打铁还需自身硬,提升学生会(研究生会)的组织力

高校学生会(研究生会)的组织力可以分为自身建设的组织力和外部引领的组织力,其中,自身建设的组织力主要体现在对广大同学的带动力、对自身定位的认识力、自身组织的结构力;外部引领的组织力主要体现在对广大同学的引领力、服务力和动员力。[①] 增强组织力,做组织青年永久奋斗的先锋力量。加强学生会(研究生会)的组织力,要完善自身建设,利用项目式工作方式,结合"校—院—班"一盘棋统筹协调。

---

① 李华龙.高校学生会组织力建设探究[J].学校党建与思想教育,2019(1):27-28.

1. 完善自身组织构建——打铁还需自身硬

一是根据学校的特色改革组织结构,对部门设置进行精简优化,提高学生会(研究生会)组织架构的合理性和工作效率。同时,改变学生会(研究生会)只是会搞活动的刻板印象,注重提升学生会(研究生会)组织文化内涵的挖掘和建设,让学生会(研究生会)的组织力、结构力和精神力更加优化。

二是构建全面有效的评价体系和激励机制,这不仅有助于提升工作质量,还能促进学生干部的成长与发展。首先,要完善述职评议制度。这一制度能让学生会(研究生会)成员对自己的工作进行深入反思和总结,同时也能让其他成员了解他们的工作情况。通过开展学生会(研究生会)内部自评、互评,学生会(研究生会)与班委会、学生社团之间的双向互评等方式,能够实现全方位的评价,达到以评促学、以比促进、以考促干的良好效果。其次,建立科学的激励机制也是必不可少的。对学生干部进行表彰是一种有效的激励方式。通过严格的考核,筛选出优秀的学生干部进行表彰鼓励,能够充分激发他们的积极性和主观能动性。当学生干部在工作中获得肯定和荣誉时,他们会更有动力去投入工作,也会从工作中获得更多的成就感,从而坚定其工作的信心。这种全面有效的评价体系和激励机制的建立,将为学生干部的成长提供有力支持。他们在不断接受评价和激励的过程中,能够不断提升自己的能力和素质,更好地为同学们服务。同时,也能促进学生会(研究生会)、班委会和学生社团等组织之间的协作与交流,共同推动学生工作的开展。总之,构建全面有效的评价体系和激励机制是学生工作中的重要环节,它对于培养优秀的学生干部、提升学生工作质量具有重要意义。我们要不断完善和优化这些机制,为学生干部的成长和学生工作的开展创造更好的条件。

2. 通过联合培养——让"校—院—班"三级联动

通过联合培养这一方式,可以使"校—院—班"三级的学生干部处于同一个平台之上。在这个平台上,需要对学生骨干的综合能力进行全面的培训和培养。这些综合能力涵盖了管理能力、领导能力、处理问题能力等多个方面。通过这样的培养,能够实现三级联动的流动性,从而培养出具有大局工作意识的学生骨干。要知道,只有"校—院—班"形成一盘棋的统筹协调,并且实现上下有效互动的工作机制,才能够真正达成"三级联动"改革的重要目标。只有这样,才能更好地凸显学生会组织的代表性、先进性和群众性,也才能真正做到服务好广大同学。这种"校—院—班"三级联动的模式,具有重要的理论意义和实践价值。它不仅能够提升学生干部的综合素质,还能够促进各级学生组织之间的协同合作,提高工作效率和质量。同时,这也有助于加强学生组织与广大同学之间的联系,更好地了解和满足同学们的需求,为学生的成长和发展提供有力支持。

3. 推进项目制工作建设——使志愿服务蔚然成风

科学谋划工作思路,以项目化方式招募志愿者,吸收广大学生参加活动来弥补学生会工作人员的严重不足。通过这种方式,我们能够科学地谋划工作思路,为志愿服务创造更加良好的环境,使其蔚然成风。以项目化方式招募志愿者,这一举措具有诸多优势。首先,它能够吸引广大学生积极参与活动,弥补学生会(研究生会)工作人员的严重不足。学生们带着热情和活力加入志愿服务中,为各项工作注入了新的力量。其次,项目化形式能够激发志愿服务的"乘数"效应。通过明确的目标和任务,志愿者们能够更加专注和高效地开展工作,从而大大提高学生会(研究生会)的工作效率。这种创新的工作模式,不仅为学生会(研究生会)的发展带来了新的机遇,也为志愿者们提供了更广阔的舞台。他们在参与项目的过程中,能够不断提升自己的能力和素质,同时也能够感受到志愿服务带来的快乐和成就感。

4. 加大各级监督力度——全方位监督管理

通过各种方式拓宽监督渠道,定期开展学生代表大会。要坚持和完善学代会制度,将其作为深化改革的"牛鼻子",议好学生会(研究生会)建设与发展的大事要事,将服务同学成长、回应同学诉求、维护同学权益、选拔学生骨干的核心职能落到实处。① 由学生代表听取学生会(研究生会)主要干部的

---

① 本报评论员.坚持从严治会 塑造清新形象[N].中国青年报,2020-09-23(01).

工作报告,对阶段性工作进行评估,提出意见,切实发挥对学生会(研究生会)的监督作用。开通网络沟通渠道,给普通学生提供一个发声和反馈信息的渠道。

(三)转变工作方式,提升学生会(研究生会)的服务力

高校学生会作为联系广大学生与学校的重要桥梁和纽带,承担着代表并捍卫学生权益的重要职责。学生会(研究生会)应当始终践行"为同学服务"的理念,积极满足学生的合理需求。秉持"学生为本、服务至上"的工作原则,深入学生群体,了解他们的实际需求,从学生中来到学生中去,准确找到学生会(研究生会)在学校和学生中的定位。在面对学生会(研究生会)繁重的工作任务时,我们更要与时俱进,不断更新工作理念,积极探索创新工作方法。只有这样,才能更好地为同学们服务,真正成为同学们信赖和依靠的组织,为高校学生工作的开展贡献力量。

(1)注重对学生群体的调研。在高校学生会(研究生会)的工作中,注重对学生群体的调研是至关重要的。积极与班团进行沟通交流,深入了解学生们的实际需求和想法。通过广泛的调研,学生会(研究生会)能够更加准确地把握学生群体的特点和需求,为后续的工作提供有力的依据。基于对学生实际需求的了解,努力提高学生会(研究生会)活动的质量,使其与学生需求更加匹配。这样一来,活动才能真正吸引学生参与,让他们在参与过程中感受到乐趣和收获。不仅如此,还要注重活动形式的创新,使其更加吸引人,同时也要确保活动内容具有教育意义,能够真正对学生起到启发和引导的作用。只有做到形式吸引人、内容教育人,才能更好地实现精准供给,满足学生们的多样化需求。同时,要将学生会(研究生会)的各项职能落到实处,切实为学生们提供服务和帮助。通过不断努力和改进,让学生会(研究生会)的工作更加贴近学生,更加有效地发挥其作用,为学生们创造更好的学习和生活环境。

(2)积极搭建网络服务体系。在当今数字化时代,积极搭建网络服务体系显得尤为重要。高校学生会(研究生会)应致力于增强自身的吸引力和凝聚

力,通过打通校内外的服务工作网和关系网,全面了解并满足青年学生的成长需求。为了达到这一目标,需要开展一系列形式新颖、内容丰富、关注度高且互动性强的网络宣传活动。这些活动不仅能够吸引学生的目光,还能让他们在参与过程中获得乐趣和收获,从而增强学生对高校学生会(研究生会)的依赖性和使用黏性。同时,高校学生会(研究生会)要创造各种条件,以交流、培训等多种形式提升学生干部的新媒体素养和技术水平。只有这样,才能更好地建设高校学生会(研究生会)的新媒体平台,使其成为学生们获取信息、交流互动的重要渠道。在这个过程中,学生会(研究生会)成员要不断学习和探索,充分利用网络技术的优势,为学生提供更优质、更便捷的服务。通过努力,让网络服务体系成为高校学生会(研究生会)与学生之间紧密联系的纽带,为学生的成长和发展提供有力支持。

(3)强化组织服务学生功能,树立好的形象。强化组织服务学生功能是高校学生会(研究生会)工作的重要使命,这对于树立良好的形象具有至关重要的意义。学生会(研究生会)应始终坚持群众性原则,切实代表学生中最广大群体的利益,积极主动地帮助学生解决在学习、生活中遇到的实际问题。为了更好地履行这一职责,学生会(研究生会)需要广泛征求学生的意见和建议,引导学生通过正确的方式来维护自身权益,并积极为学校的发展建言献策。通过这种方式,学生会(研究生会)能够更加深入地了解学生的需求和诉求,从而更有针对性地开展工作。在这个过程中,学生会(研究生会)要合理有序地代表广大学生发声,坚决维护学生的正当权益。要形成学生"众参、众议、众评"的校园共建态势,让学生真正参与学校的管理和建设。只有这样,才能不断发挥学生会(研究生会)的桥梁和纽带作用,促进学校与学生之间的沟通与交流,推动学校的和谐稳定发展。同时,学生会(研究生会)还应不断加强自身建设,提高服务水平和工作质量,以更加专业的态度和能力为学生服务。只有这样,才能赢得学生的信任和支持,真正成为学生的贴心人、代言人。

(4)发挥好新媒体传播优势。在当今数字化时代,新媒体的作用日益凸显。对于分校较多的学校而言,发挥好新媒体传播优势具有极为重要的意义。在这样的背景下,让工作信息和活动开展实现三级同频共振,即"校—院—班"

三级同步协调,成为做好工作的关键前提。通过这种方式,能够有效解决因空间距离而带来的阻碍与困难,确保信息传递的及时性和准确性。微信、微博等新媒体平台具有群体性、实时性、开放性和互动性等显著特点。利用这些特点,新媒体能够发挥出其强大的传播和影响功能。借助新媒体,"校—院—班"之间能够实现资源共享,交流变得更加顺畅,联动也更加流畅自如。通过新媒体的传播,学校各层级之间能够更加紧密地联系在一起,信息得以快速传递,工作得以高效开展。同时,新媒体还为学生提供了更广泛的参与渠道,使他们能够更好地了解学校的各项工作和活动,并积极参与其中。

(5)擦亮"我为同学做实事"品牌。为了进一步擦亮"我为同学做实事"这一品牌,各级学联学生会组织应积极动员起来,广泛开展"我为同学做实事"实践活动。在引领思想成长方面,通过各种形式的活动和宣传,引导同学们树立正确的价值观和人生观;在落实权益维护上,切实保障同学们的合法权益,让他们在校园中感受到安全和公正;在帮助学业进步方面,提供学习资源和指导,助力同学们提升学习能力和成绩;在解决就业发展问题上,开展就业指导和职业规划活动,为同学们的未来发展提供支持;对于家庭困难的同学,要给予他们关爱和帮助,让他们感受到温暖和关怀;在促进身心健康方面,组织各类文体活动和心理健康教育,关注同学们的身心健康;在助力社会融入方面,提供社会实践和交流机会,帮助同学们更好地适应社会。同时,要推出学生会(研究生会)线上服务平台,方便同学们随时随地获取服务和信息;制定服务同学实事清单,明确具体的服务项目和目标;建立学生事务"一站式"服务机制,提高服务效率和质量。通过这些举措,真正解决同学们在学习、生活中急难愁盼的问题,让"我为同学做实事"品牌深入人心,成为学联学生会组织服务同学的重要标志,为同学们的成长和发展提供坚实的保障。

三、结语

学生会(研究生会)改革是引领青年思想的重要抓手,必须久久为功,形成合力。国家不断出台改革政策就是要帮助学生会(研究生会)的青年学生干部快速成长。高校学生会工作可以将学生思想教育统筹在一起,辅助思想政治课程的教育工作。学生会（研究生会）工作人员要深入学习党的二十大精神，将学习成效转化为各级学生会组织深化改革的推动力量，建设清新阳光的学生会（研究生会），让青春在全面建设社会主义现代化国家的火热实践中绽放绚丽之花。

工作案例

基于"五育四信"理念的公安院校育人工作
——机遇、路径创新和策略行动研究

孙 蓓 谭军毅 陈孝睿

摘 要：新时代大背景下，公安院校育人工作不断面临新挑战和新任务。本文运用文献分析法和系统分析法对公安院校育人工作进行探究。研究发现，结合德智体美劳及道路自信、理论自信、制度自信和文化自信的"五育四信"理念，能为公安院校育人工作发展提供机遇和条件。基于"五育四信"理念的公安院校育人，可以自觉呈现出对学生综合素养和专业胜任力的崭新表达，自然助力课堂成为课程思政和端正从警价值观的阵地，以及自主顺应公安院校育人本质及服务公安工作初衷等方面创新育人工作发展路径，满足应用型警务人才的培养需求。为推动公安院校育人工作发展，应加强理念宣导与制度保障，做好公安院校育人工作顶层战略规划设计；加快专业课程与实战结合，提升人民警察规范执法与服务群众的水平；优化育人评价多元化设计，推进育人工作综合评价反馈激励机制改革。

关键词："五育四信"；公安院校；育人工作；创新路径；行动策略

基金项目：2023年度上海公安学院教学改革项目"基于MCT多学科案例教学模式改革的实践与探索——以公安管理学课程为例"。

作者简介：孙蓓，女，教育学博士，上海公安学院基础部副教授，主要研究方向：公安管理学（涉外警务方向）；谭军毅，男，上海公安学院学员管理处科长；陈孝睿，男，上海公安学院2020级本科网络执法与安全一区队本科学生。

随着社会的不断发展和进步,公安院校育人工作开始面临新挑战和新任务。人民警察是维护国家公共安全和社会治安秩序的重要力量,公安院校则肩负着为党和国家培养合格人民警察的社会责任。① 在此前提下,公安院校育人工作的关键性和重要性不言而喻。

一、公安院校育人工作的时代机遇

(一)思想指引:"五育四信"是公安院校育人工作的培养理念

当前社会环境下,人民警察作为国家执法者,职责重大。人民警察的执法工作不仅需要具备扎实的公安专业知识和技能,更需具备高尚的道德情操和坚定的理想信念。基于这一认识,公安院校育人工作应强调突出职业特征,积极倡导并实践"五育四信"培养理念。

1."五育"强调公安院校培养学生全面发展的重要性

五育,包含德育、智育、体育、美育和劳育。"德育"注重强化学生良好的道德素质和价值观念,使学生具备正确的行为准则和职业道德;"智育"着重培养学生的知识和智力素养,提高学生解决问题的水平和思维能力;"体育"注重养成学生的体魄和健康的身心,提高身体素质和抗压能力;"美育"强调孕育学生的审美能力和文化素养,丰富他们的艺术情趣和情感表达能力;"劳育"重在培养学生的实践能力和劳动精神,提升学生踏实工作的意识和实践能力。

2."四信"助力公安院校培养学生从警信念和价值观

四信,即四个自信,包含道路自信、理论自信、制度自信和文化自信。"四信"是构成公安院校全面贯彻立德树人、育警铸魂的理论基石,为公安院校应用型警务人才培养目标的实现提供了理论指引。道路自信,强调培养

---

① 周学农,陈俊豪.课程思政:公安院校人才培养的路径选择及行动策略[J].公安教育,2019(8):44-49.

学生对中国特色社会主义道路的坚定信念,强化对中国特色社会主义事业的执着信仰。此外,道路自信使学生意识到唯有通过中国特色社会主义道路,才能实现国家长治久安和人民幸福安康。理论自信,强调学生对马克思主义理论,尤其是对习近平新时代中国特色社会主义思想理论体系科学性、真理性、正确性的深度理解。制度自信,强调学生对中国特色社会主义制度先进性和优越性的自信。文化自信,引导学生对中国优秀传统文化的自信,包括学生对中国历史文化产生源自内心的骄傲以及对传统文化价值观的认同。

(二)时代呼唤:"五育四信"是公安院校育人工作的核心要义

在新时代依据新理念新思想,需要结合公安院校管理特色、育人目标及人民警察职业特点开展育人工作。① "五育四信"培养理念是积极回应公安院校现实育人工作的时代呼唤。公安院校应当充分结合自身特色,坚持正确政治方向,将"立德"作为树人根基,切实做好公安院校德智体美劳各项育人工作。②

1. 传递理论自信是公安院校铸魂育警的基本任务

通过加强对学生理论自信的培养,增强学生的人民警察身份认同感、文化自觉性和跨文化沟通能力。通过强调"五育四信"培养理念,促使学生端正从警信念、守牢道德底线、恪守警察准则和铸造文化自信,成为维护社会安宁、捍卫国家利益和人民福祉的中坚执法力量。此外,理论自信包含了对党的理论创新、先进文化和科学知识的自信,使学生能够坚定正确的思想政治立场,指导基层执法工作实践并不断加以改进和提高。

2. 贯穿制度自信是公安院校立德树人的坚实保障

学生需要清晰把握和认同中国特色社会主义制度的优越性和有效性,以

---

① 杜慧明.公安院校警务化管理原则构建探析[J].北京警察学院学报,2018(5):120-124.
② 满炫.公安院校中警察文化育人研究[D].南京:南京师范大学,2017.

及他们对党的领导、人民代表大会制度、法治国家建设的自信,唯有如此才能更好地自觉维护和执行国家法律法规,遵从人民警察职业道德,履行公安机关职责。公安院校必须将培育学生的良好品德的制度建设,贯穿整个公安教育教学的全过程。在日常教学活动中,公安院校教师应持续引导学生正确把握当前国际和国内形势变化,深刻认识中国特色社会主义制度的显著优势。通过培养学生德、智、体、美、劳全面发展,使其成为忠诚于党和国家、具有高尚道德品质和服务于人民的应用型警务人才。由此可见,制度自信是坚实保障公安院校立德树人的关键所在。

3. 培养文化认同是公安院校启智润心的根本主旨

文化认同,一方面涵盖了学生对中国优秀传统文化和世界多元文化的认可。文化认同,还在另一方面显性表达了学生对中国历史文化发自内心的骄傲和对传统文化价值观的认同,以及对其他国家和地区文化的包容和尊重。

(三)现实需求:"五育四信"是公安院校育人工作的使命体现

公安院校坚持政治建校方针,大力加强大学生的思想政治教育工作。① 作为培养共和国预备警官的"摇篮",公安院校更须坚持政治建校方针,不断加强学生思想政治教育工作。新时代公安高等教育的战略核心任务在于处理好改革、发展与稳定的关系。② 为适应复杂多变的国家安全和社会治安形势,公安院校育人工作更加需要与时俱进。新时代背景下,"五育四信"培养理念能够更契合公安院校育人工作的现实需求。

1. 提升学生综合素养的坚实保障

当前我国社会对警务人才的要求,已不仅是具备专业知识和技能,更应具

---

① 孙明山.进一步加强和改进公安院校大学生思想政治教育[J].公安教育,2005(5):2-8.

② 王龙.公安高等教育发展历史回顾与新时代展望[J].公安学研究,2019,2(5):1-28+123.

备良好的道德品质和较高的智力水平、良好的身体素质和团队协作能力。通过"五育四信"理念,公安院校能够全面培养学生的综合素质,为培养满足新时代需求的应用型警务人才奠定坚实基础。

2. 引导学生端正人民警察意识

警察意识是警察素质构成的重要基础和必要条件,对警察行为起着支配和调控作用。① 培养学生端正人民警察意识,树立正确的价值观是公安院校育人工作的重要使命。通过引导学生树立正确人生观、价值观和世界观,培养他们从警的使命感、责任感和荣誉感,将有助于学生忠诚于党和国家、维护国家安全和社会稳定的价值观养成。

3. 培养学生适应复杂环境的能力

社会治安形势复杂多变,人民警察面临着各种挑战和压力。通过"五育四信"培养理念,可以提升学生的综合能力和政治判断力,在复杂的社会环境中能够进一步灵活应对各种问题和挑战。此外,通过体育锻炼和劳动教育,还能有效增强学生的身体素质和吃苦耐劳的革命精神,使学生能够胜任未来更为繁杂的警务实战工作。

通过"五育四信"培养理念,公安院校能够更好地培养学生成为德才兼备、全面综合、专业能力强的综合型警务人才,更好地满足时代需求,为国家安全和社会稳定做出重要贡献。

二、公安院校育人工作的路径创新

"五育四信"培养理念在公安院校育人工作中扮演着至关重要的角色。作为培养公安机关后备力量的主阵地,公安院校通过将国家总体安全观融入人才培养的全过程,旨在实现立德树人、培警铸魂,为新时代公安教育发展开辟出一条创新路径。

---

① 张福成.论公安院校学生警察意识教育与培养[J].公安教育,2008(3):44-47.

(一)"五育"自觉呈现出对学生综合素养和专业胜任力的崭新表达

通过"五育四信",公安院校能够全面培养学生的综合素养和公安专业胜任力。其一,"德育"能够引导学生树立正确职业理想和追求信念。让学生了解公安职业现实需求和人民警察责任意识,激发他们为社会安全稳定做出应有贡献。其二,"智育"强调培养学生的公安学和公安技术学专业知识和执法技能。使公安院校学生能够具备扎实的学科知识和创新思维能力,在未来愈加复杂的执法环境中,实现独立思考和科学决策。其三,"体育"旨在提升学生身体素质和协调能力。通过各类适警化体育项目锻炼和警务实战化训练,能够让学生拥有健康强壮的体魄,提高他们在公安执法工作中的体能和应变能力。其四,"美育"侧重培养学生的形象意识和审美能力。通过艺术审美教育,使学生具备良好的人民警察形象和审美鉴赏能力,在未来警察执法工作中展现出专业、威严和富有责任感的执法形象。其五,"劳育"注重学生警务实战业务能力与职业素养的提升。通过公安基层实践教学和职业技能培养,使学生具备扎实的警务业务能力和丰富的实战经验,在公安基层警务工作中熟练运用所学专业知识和警务技能。通过全过程培养学生的德育、智育、体育、美育和劳育,公安院校能够培养出具备公安专业素养和专业胜任力的执法人才,为社会繁荣和国家安全稳定做出贡献。

(二)"四信"自然助力课堂成为课程思政和端正从警价值观的主阵地

公安院校通过强调教师坚持"四个自信",即道路自信、理论自信、制度自信、文化自信,自然助力课堂成为课程思政和端正从警价值观的主阵地。其一,道路自信,使学生坚定对中国特色社会主义道路的自信,能够深入理解和执行党的路线方针政策,在未来公安执法工作中坚守办案原则和职业道德。其二,理论自信,使学生对马克思主义理论的理解更为深刻,使学生能够树立正确的世界观、人生观和价值观,不断提高自身思想水平和自我管理能力。其三,制度自信,使学生对中国特色社会主义制度充满自信,得以深入了解我国相关法律法规。学生们能够做到始终坚持运用法治思维开展执法行动,做到党纪国法心中有数,维护公平正义和法治权威。其四,文化自信,使学生对中国优秀传统文化和社会主义先进文化充满自信,让他们形成对中国文化的正确认识和传承优秀文化的能力,形成文化自觉。通过强调"四个自信"凝聚人心,推动社会稳定与进步。在此基础上,培养出更多胜任维护国家安全和社会治安秩序,具有良好道德品质和核心价值观的人民警察。

(三)"五育四信"自主顺应公安院校育人本质及服务公安工作初衷

公安院校以"五育四信"为理念指导,针对性地培养学生的专业知识和职业素养,实现了我国公安教育在服务公安工作和公安队伍建设的全局中的不断发展。其一,在专业素养方面,公安院校注重培养学生的执法知识和技能。这主要包括侦查技术、案件分析、法律法规和服务群众等方面的专业知识,通过理论教学和实践训练,使学生掌握执法流程,具备科学分析和决策能力,能够在实际公安执法工作中运用所学专业知识解决公安实战问题。其二,公安院校加强学生心理健康服务。通过针对性的警察职业心理辅导和训练,帮助学生建立健康的心理状态,增强从容应对警务工作压力和困难的个体力量。其三,在职业素养和服务群众工作方面,公安院校重视对学生职业道德操守和人民警察核心价值观的引领。助力学生树立正确的执法理念和职业追求,强化法律意识养成,教育学生公正廉洁和遵守人民警察职业规范。通过"五育四信",公安院校自主顺应公安院校育人本质及服务公安工作的初衷。通过对学生在校的全过程培养,从而最终使公安院校得以为公安队伍建设持续有力地提供后备人才资源。

三、公安院校育人工作的行动策略

(一)加强理念宣导与制度保障,做好公安院校育人工作顶层战略规划设计

公安院校应当建立多样化的宣传教育形式,在教学和管理中全面宣传贯

彻"五育四信"培养理念,并将其纳入学校育人工作顶层战略规划设计。

1. 助力学生透彻消化,深度理解"五育四信"理念的内涵

为了帮助学生透彻消化、深度理解"五育四信"理念,公安院校应当加强课程体系建设,将该理念融入日常教学中,让学生在实践中体验、感悟。同时,还应加强师德师风建设,以教师的高尚品德和人格魅力引导学生。此外,通过开展丰富多样的校园文化活动和社会实践活动,如学生社团等,培养公安院校学生的兴趣爱好、训练其专项技能、提高其综合能力。① 让公安院校的学生在亲身体验中不断加深对"五育四信"理念的理解和认同。

2. 融通教学管理环节,优化调整课程设置和教学设计

公安院校可以通过教学管理中的各个环节,全面贯彻"五育四信"培养理念的具体实施。在教学管理中,采用对课程设置和教学设计的优化调整,侧重培养学生的综合素质。将人民警察职业道德和核心价值观融入教学内容,引导学生树立正确人生观、从警观,培养学生的社会责任感。

3. 坚定战略育人理念,加快配套育人政策和制度制定

在育人管理工作中,公安院校应当以"五育四信"作为顶层战略设计思想导向,配套制定相关政策和制度。通过全体教师、教官言传身教的方式,引导学生共同实践该理念要求,从而形成良好的育人氛围和教育生态。公安院校只有真正强调理念宣导与制度巩固,做好育人工作顶层战略规划设计,才能真正实现公安教育事业长期健康发展。

(二)加快专业课程与实战结合,提升规范执法与服务群众的水平

公安院校应根据"五育四信"培养理念,加快专业课程与公安实战训练的

---

① 谭军毅,孙蓓.学生社团建设在公安院校中的应用研究——以上海公安高等专科学校为例[J].湖北警官学院学报,2015,28(6):155-157.

融通结合,更加贴合应用型警务人才培养的现实需求。规范执法和服务群众的水平是人民警察综合素质构成的重要基础和必要条件,对人民警察的执法行为起着支配和调控作用。

1. 公安实战化训练

公安院校应在课程设置中增加实战化训练环节,例如公安基层派出所实地见习、模拟演练、案例分析等。在此基础上,使学生能够将公安专业理论知识灵活应用于公安实际管理问题中去。例如,在刑事侦查勘探课程中,组织学生模拟刑事犯罪案件现场,进行实地勘查取证情境演练,让学生亲身体验并掌握现场取证技能。

2. 跨学科课程设置

公安院校可通过跨学科的课程设置,将不同学科领域的知识有机结合,给学生提供情境化警务综合演练的机会。例如,公安院校可以将犯罪学、心理学和社会学等学科融会贯通,开设犯罪心理学等课程,让学生充分了解犯罪形成和发展的根源,培养学生系统性、逻辑性和批判性地分析和解决问题的能力。

3. 重视实习实训机会

公安院校应积极与公安实战一线部门合作,为学生提供实战实习和实训机会,让他们积极投身公安实际执法和一线公安勤务工作。公安基层实战化的工作经历,有助于学生更好地体会和理解人民警察的职业要求,尽快熟悉工作流程,获得实际操作和应对复杂情况的执法能力。公安院校应通过专业课程与公安实战化训练结合,推进"五育四信"理念指导下的教学改革和实践创新。在此前提条件下,公安院校才能够培养出更具实战能力和综合素质的应用型警务人才,使他们能够更好地胜任公安现实工作任务和挑战。

（三）优化育人评价多元化设计，推进育人工作综合评价反馈激励机制改革

1. 建立多维评价体系

公安院校建立多维化的评价体系是为了更好地培养学生在职业生涯中的能力素质。多维评价体系应涵盖公安院校学生德智体美劳各方面要求，即包含思想品德、作风纪律、政治素养、法律素质、信息化应用、公文写作、专业能力、警务体能、警务实战技能、参加艺术社团情况、参与文体比赛情况以及参加志愿者服务情况等诸多方面的多维度评估。这类多维评价体系，旨在培养更多全面发展、具备公安执法专业能力和忠诚于党和人民的应用型警务人才。通过多维化评价，公安院校能够更加全面地了解学生的综合能力，精准掌握学生个体的潜力和适应能力，以便为学生提供更具针对性的培养和发展措施，为学生的未来职业发展提供有力支持。

2. 开展综合评价反馈

公安院校在育人工作中可以组织定期综合评估，形成对学生个体较为全面的评价报告。例如，师生开展交流座谈，在沟通交流中潜移默化地对学生提供个性化建议和职业生涯发展指导；设立专业师资辅导团队，为学生提供个性化的优势科研项目辅导、职业生涯规划和个人专业发展方面的指导；建立在线学生评价平台，给学生提供自主评价和获得学科教师、辅导员以及科研导师反馈的机会，促进学生与教师之间的互动和沟通。促成教师和学生隐性知识学习共同体建构，充分挖掘师生的执法工作经验和实践智慧。① 通过这些综合评价和反馈结果，可以激励学生全面了解自身优势和不足，进一步提升自身从警的专业胜任力。

3. 引入多元激励机制

为激励学生的学习积极性，公安院校可以引入多样化的激励机制。例如，

---

① 孙蓓.公安院校师资科研能力提升路径的实证研究[J].辽宁警察学院学报,2021,23(6):73-79.

单独设立公安院校科研英才奖学金和科研小能手等荣誉称号,以表彰在科研学术和公安实践成果发明创造方面表现出色的学生。此外,公安院校应该鼓励学生积极参加各类高层级的全国大学生学术竞赛和科研创新项目,尽情展现学生的个人才华和创造力。在公安院校内,制定"优生优分"制度,设立"入警岗位优生优选计划",为优秀毕业生提供优先择岗的机会。通过引入多元激励机制,以激发学生的潜力、增强学习动力,为公安实战单位培养出更多兼备理论知识和实践素养的卓越型警务人才。

四、结语

大数据时代的来临不仅变革了警务人员的思维方式和工作方式,同时为公安信息化教学变革创造了大量宝贵的现实条件。① "五育四信"理念是公安院校育人工作创新路径和行动策略的指导思想。在此理念指引下,公安院校培养出更多与时俱进、德才兼备的应用型警务人才,为维护国家公共安全和社会长治久安做出贡献。人工智能时代,社会治安综合治理模式正经历着日新月异的发展变化。② 公安院校应不断优化在此理念指引下的育人工作创新路径和行动策略,不断提升育人工作质量和实践效果,持续完善配套工作机制,将"五育四信"培养理念始终坚定地贯穿整个公安院校的育人全过程,努力为党、为人民培养出更多忠诚于党和服务人民的优秀警务人才。

---

① 孙蓓.大数据视野下公安智慧教育的创新[J].辽宁警察学院学报,2018,20(2):113-118.

② 秦飞,孙蓓.人工智能时代的社会治安综合治理及其行为边界[J].山西警察学院学报,2020,28(3):49-54.

生命科学领域科研院所研究生生活状况调查研究
——以中国科学院京区研究所为例

王文婧 程 浩 熊 勤

摘 要:研究生教育是培养科研生力军和高层次创新型人才的重要途径,随着我国高等教育改革的不断深入,开展对研究生心理健康和压力状况的调查研究,了解研究生在培养阶段的生活现状,已成为保障高水平人才培养顺利进行,探讨与时俱进的创新教育理念和人才培养模式的有效方法之一。本研究对中国科学院京区7所生命科学领域科研院所500名研究生进行生活状况问卷调查,分析结果显示:在就业心态方面,兴趣爱好和兼顾家庭是研究生的两大主要择业依据,教育单位和科研院所是研究生两大求职意向单位,北上广深是意向就业地域;且择业依据和意向就业地域存在明显的性别和学历差异。在心理状况方面,无论学历水平还是性别因素,学业压力以压倒性的优势成为当前研究生面临的最大压力,且学业压力来源在学历水平上区别明显;同时,就业和婚恋方面的心理压力有性别差异。在参与活动方面,研究生对研究所整体举办活动的总体满意程度一般,感兴趣活动类型在学历与性别方面差异明显。该研究结果将有助于准确把握科研院所研究生现阶段的生活状况,对于完善和优化科研院所的研究生教育工作和提升研究生综合素质等方面具有重要意义。

关键词:科研院所;生命科学;研究生;生活状况

作者简介:王文婧(通讯作者),女,中国科学院微生物研究所研究生部主任,博士,主要从事高等教育管理工作;程浩,男,中国科学院微生物研究所研究生部副主任,博士,主要从事高等教育管理工作;熊勤,女,中国科学院动物研究所研究生部主任,硕士,主要从事高等教育管理工作。

生命科学领域科研院所研究生生活状况调查研究——以中国科学院京区研究所为例

根据教育部统计数据①,2022年在学研究生365.36万人,其中,在学博士生55.61万人,在学硕士生309.75万人。在学研究生数量急剧增长的同时,高等教育改革不断深入,研究生培养质量受硬件设备、课程教学、科研训练及综合素质等多方面影响,培养要求日趋严格,研究生的培养现状和面临压力也备受关注。精准把握当前研究生在学生活现状,一方面利于全方位了解研究生培养阶段的个人状态,评估现有研究生教育运行质量;另一方面利于找到研究生尚未满足的期望,及时改进和调整教育服务策略。

一、调查背景及文献调研

早期有研究论文提出包含思想状况、生活状况、学业状况、就业状况等相互联系、相互制约的研究生在学综合现状指标体系②,现阶段大部分相关教育研究集中在研究生群体的课程教学、能力培养和导学关系等学业状况方面,针对研究生学业状况外的研究大致分为两类:一是研究生群体的心理健康调查和影响因素分析,对高校学生心理健康研究中,以"研究生"为主体的相关研究在逐渐丰富③④⑤⑥,但所占的比例以及对研究生群体的关注还不够。二是针对某特定学科或专业研究生群体的生活测量、心理特征和就业调查的实证研究,例如在校硕士研究生中工科生的总体心理压力明显高于文科生、理科生和医学生,而医学生的心理压力明显高于理科生⑦;科研院所工科女性研究生在

---

① 2022年全国教育事业发展统计公报. http://www.moe.gov.cn/jyb_sjzl/sjzl_fztjgb/202307/t20230705_1067278.html.

② 徐国权. 研究生在学综合现状调查分析[J]. 大连理工大学学报(社会科学版),2010,31(2):96-100.

③ 冯蓉,张彦通,马喜亭. 我国高校研究生心理健康教育研究现状与进展——基于CNKI(1983—2013)的文献分析[J]. 研究生教育研究,2015(1):21-25+84.

④ 孙俊华,汪霞. 博士研究生心理压力状况、压力源及影响因素研究——基于江苏五所高校的调查数据[J]. 学位与研究生教育,2021(7):50-58.

⑤ 殷昊翔. "三全育人"视域下的中西部高校研究生心理健康问题探析[J]. 西藏大学学报(社会科学版),2021,36(3):223-228.

⑥ 邓丽芳,王姝怡. 新时代研究生心理健康需求:现状与影响因素——基于我国15所高校的调查分析[J]. 中国高教研究,2023(4):83-88.

⑦ 何春梅,江云清. 在校硕士研究生心理压力现状及对策探讨[J]. 学校党建与思想教育,2015(6):81-83.

总体幸福感以及各项生活指标满意度方面的表现高于理科女性研究生等①。总体来看,研究生群体的心理健康问题已逐渐成为国际科研工作关注的热点②③。结合以上文献调研结果可知,侧重了解和分析研究生"科研学习"之外的"生活状况",即除学业状况以外,包括心理状态、活动参与和就业规划等在内的生活现状的综合探究为数不多,对特定学科专业研究生生活状态的了解则更少。

除研究内容不够综合、全面外,相关文献调研发现,有关研究生学业状况外的研究对象大部分集中在高校,以硕士研究生群体④或医学类居多⑤⑥。小部分有关科研院所研究生的调研集中在地学及林学等专业领域⑦⑧,或从心理健康状态的维度展开⑨⑩。围绕科研院所研究生群体在培养阶段除科研学习外的生活现状综合调研类的文献还比较缺乏,仍处于尝试和探索阶段,亟待进一步深入研究。

中国科学院"科教融合"的研究生教育体系是我国高等教育事业的重要组成部分,选取具有代表性科研院所的研究生进行生活状况的实证分析,探明实

---

① 马明霞,李涓,王启烁. 科研院所女研究生主观幸福感现状的调查研究[J]. 黑龙江高教研究,2014(1):103-105.

② Woolston C. Stress and Uncertainty Drag Down Graduate Students' Satisfaction[J]. Nature,2022,610:805-808.

③ Woolston C. 'I Don't Want This Kind of Life':Graduate Students Question Career Options[J]. Nature,2022,611:413-416.

④ 冯蓉,张彦通,马喜亭. 我国高校研究生心理健康教育研究现状与进展——基于CNKI(1983—2013)的文献分析[J]. 研究生教育研究,2015(1):21-25+84.

⑤ 郑亚楠,廖慧云. 国内医学研究生心理健康研究述评[J]. 黑龙江教育(理论与实践),2021(10),83-85.

⑥ 谭晓雪,朱宏. 医学研究生学习生活状况调查研究[J]. 中国高等医学教育,2016(12):129-130.

⑦ 马跃良,李燕. 地学专业研究生就业影响因素的实证调查分析——以科研院所为例[J]. 中国大学生就业,2014(06):11-15+20.

⑧ 李丽,林群,吴海龙,等. 国家级林业科研院所研究生就业现状分析与对策探究[J]. 人才资源开发,2017(16):79-81.

⑨ 夏佩章. 浅论科研院所师生心理健康的分析与对策[J]. 中国科技信息,2011(18):161+163.

⑩ 雷凡毫,付国英,卿雪梅,等. 关于科研院所与高校研究生心理调适能力和社会适应能力的比较[J]. 环球人文地理,2014(18):124-125.

际存在的问题和相关影响因素,对完善科研院所的研究生教育工作和提升研究生综合素质具有深远意义。在当代自然科学学科中,生命科学以其广泛的研究领域和重要性备受关注,而生命科学领域相关科研院所基本集中在中国科学院大学奥运村校区。因此,本研究对中国科学院京区微生物研究所等7所生命科学领域科研院所500名在读研究生的就业规划、活动参与和心理健康等生活状况进行调查与分析,以期发现现阶段生命科学领域科研院所在研究生教育过程中的实际现状和潜在问题,并为进一步改进研究生培养质量提供建议和对策。

二、调查过程与方法

1. 问卷设计

为了能够真实反映中国科学院京区生命科学领域科研院所在读研究生的生活现况,本次调查采用网络匿名调查方式,自行设计电子问卷。问卷分为就业规划、活动参与、心理压力和总体评价等维度,共有20个条目(表1)。问卷设置的问题为单项选择题、多项选择题以及矩阵单选题。多选题项目5~9项,限选1~3项;矩阵单选题级别为满意/重要、一般、不满意/不重要。调查对象需根据自己的实际情况勾选符合的选项。如果提供选项均不符合调查对象实际情况,则可在"其他"选项中补充说明。调查问卷面向全体研究生发放,采取随机抽样方法,由学生自愿选择通过电脑或手机填写并提交。问卷填答过程由研究生本人自主完成,并向其承诺问卷将严格保密,只用于学术研究与政策参考,保证了数据的真实性和可靠性。

表1 问卷题目分类情况

题目	数量	序号	具体内容
就业规划	5	1	理想的择业目标
		2	理想的工作单位
		3	理想的就业地域
		4	获取就业信息的有效渠道
		5	求职过程中的受限因素

续表

题目	数量	序号	具体内容
活动参与	6	6	2017年一共参加过几次研究所举办的活动
		7	获取活动信息的方式
		8	不参加活动的原因
		9	对什么类型的活动感兴趣
		10	关心或希望参与讲座活动的形式
		11	对研究所举办活动的满意度
心理压力	8	12	压力主要来源
		13	学业压力主要来源
		14	经济压力主要来源
		15	社会期望压力主要来源
		16	婚恋压力主要来源
		17	就业压力主要来源
		18	人际交往压力主要来源
		19	健康压力主要来源
总体评价	1	20	对研究所提供的生活条件和服务的评价

2. 调查对象

作者与中国科学院京区生命科学领域科研院所负责研究生培养工作的教育干部沟通,采用调查问卷网络推送方式,对微生物研究所、植物研究所、动物研究所、遗传与发育生物学研究所、生物物理研究所、北京基因组研究所和北京生命科学研究院7所科研院所在读的不同年级研究生发放调查问卷,填写时间为2018年1月30日至2018年3月29日,调查周期约2个月,共回收问卷500份,样品量约占全体研究生的15%,其中有效问卷500份,有效率为100%。其中,参与调查的女性占比59.4%,男性占比40.6%,符合中国科学院生命科学领域研究所在学女性研究生与男性研究生总数比例(约1.5∶1);硕士研究生占比51.6%,博士研究生占比48.4%,分布较为合理;均能全面反映当前研究生的生活状况。

3. 分析方法

利用网络直报系统进行数据采集,本研究矩阵单选题测量方式参考李克特量表(Linkert Scale)的 5 点量表计分法(由"非常不同意"到"非常同意"计 1~5 分),将定性指标设定成 3 个级别,分别为满意/重要(3 分)、一般(2 分)和不满意/不重要(1 分)。多选题各选项根据选择与否记为 1 或 0。所有数据均采用 SPSS25.0 进行统计分析,计量资料数据以 $\bar{x} \pm s$ 表示,进行独立样本 t 检验或单因素 ANOVA 检验,用 LSD/DUNCAN 法进行两两比较。$p < 0.05$ 表明差异有统计学意义。

三、调查结果与分析

1. 就业规划

根据数据分析结果,符合自己的兴趣爱好(52.2%)和可以兼顾家庭(48%)是研究生的两大主要择业目标,教育单位(71.2%)和科研院所(61.6%)是研究生两大主要求职意向单位(图 1A,B)。同时,择业目标和意向单位选择存在明显性别差异(表 2,表 3),男性更愿意成为行业专家,学术期望和追求挑战的欲望更高;女性更倾向事业单位就业,选择相对稳定的工作单位。另外,博士研究生在择业目标上更倾向于兼顾家庭,而硕士研究生更倾向于符合自己的兴趣爱好(表 2)。相较硕士研究生而言,博士研究生年龄普遍偏大,更看重工作和家庭的平衡。

整体上看,虽然有 46.8% 的研究生原籍在中部省市,但 60% 的研究生意向选择北上广深就业,另有 41.4% 选择东部沿海(图 1C)。在具体就业地域选择上,不同学历和性别的研究生也有明显的差异(表 4):博士研究生选择北上广深工作的愿望更强烈,对自我价值的期望和要求较高;硕士研究生群体以及女性研究生群体对中部省市的接受度较大,从侧面反映出这两类群体在地域的依赖性上更容易选择熟悉和轻松的生活环境和文化氛围。

在求职受限因素评判上,性别因素得分最低(表 5)。对研究生而言,男女差异已经不再主要体现在找工作的难易程度上,而开始体现在择业目标、工作

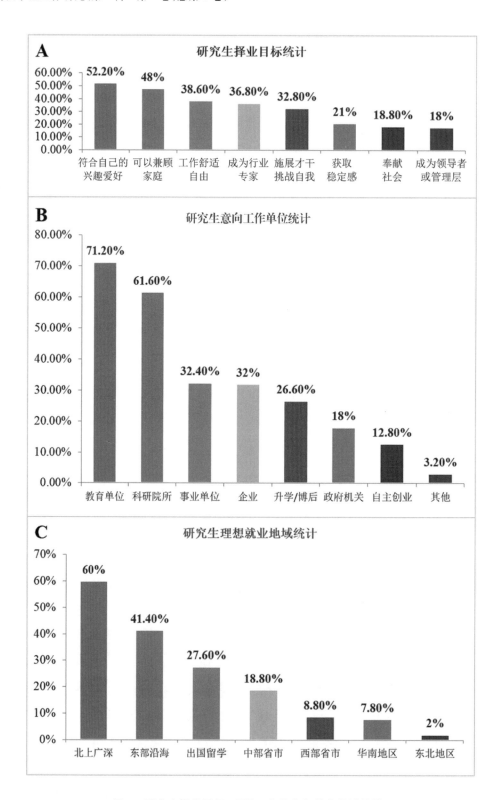

图1 研究生择业目标、理想工作单位和就业地域统计

单位和就业地域等的选择上。薪酬待遇是研究生求职最看重的因素(表5),且研究生在求职过程中很重视行业及职业信息掌握。研究生阶段的成果产出和专业能力等科研背景,如发表文章和实习实践经验,因学历水平表现出明显差异。相比硕士研究生而言,博士研究生科研成果一般较多,所以在求职时对发表文章的重视程度不及硕士研究生;但博士研究生科研任务更重,毕业压力更大,所以自身会投入更多的时间在科研工作上,在实习实践和日常交流等其他社会性工作上略显不足,故对个人较为缺乏的实习实践经验和求职技巧更为重视。另外,男性在求职各因素计量数据的得分比女性整体要高,并且对实习实践、求职技巧、求助资源和性别因素等更为重视,一定程度上反映出男性求职动力和心态更强烈。

表 2 研究生择业目标的学历与性别差异分析

择业目标	硕士研究生	博士研究生	女研究生	男研究生
成为领导者或管理层	0.17±0.38	0.19±0.39	0.15±0.36	0.22±0.43
成为行业专家	0.36±0.48	0.38±0.49	0.31±0.46	0.46±0.50[b]
可以兼顾家庭	0.42±0.50	0.55±0.50[a]	0.49±0.50	0.46±0.50
获取稳定感	0.24±0.43	0.17±0.38	0.24±0.43	0.17±0.37
工作舒适自由	0.40±0.49	0.38±0.49	0.41±0.49	0.35±0.48
符合自己的兴趣爱好	0.58±0.50	0.46±0.50[a]	0.54±0.50	0.49±0.50
施展才干挑战自我	0.32±0.47	0.34±0.47	0.36±0.48	0.29±0.45
奉献社会	0.19±0.40	0.18±0.39	0.15±0.36	0.24±0.42

a: $p<0.01$,与硕士研究生比较;b: $p<0.01$,与女研究生比较。

表 3 研究生意向工作单位的性别差异分析

工作单位	女研究生	男研究生
教育单位	0.72±0.45	0.70±0.46
科研院所	0.58±0.49	0.67±0.47
企业	0.34±0.48	0.29±0.45
事业单位	0.37±0.48	0.26±0.44[a]
政府机关	0.18±0.38	0.19±0.39
升学/博后	0.24±0.43	0.31±0.46
自主创业	0.12±0.32	0.14±0.35
其他	0.03±0.18	0.03±0.17

a: $p<0.05$,与女研究生比较。

表 4　研究生理想就业地域的学历与性别差异分析

就业地域	硕士研究生	博士研究生	女研究生	男研究生
北上广深	0.53±0.50	0.67±0.47[a]	0.61±0.49	0.59±0.49
东部沿海	0.40±0.49	0.43±0.50	0.41±0.49	0.41±0.49
中部省市	0.23±0.42	0.14±0.35[b]	0.22±0.41	0.14±0.35[c]
华南地区	0.07±0.26	0.08±0.28	0.07±0.26	0.08±0.28
东北地区	0.02±0.14	0.02±0.14	0.02±0.14	0.02±0.14
西部省市	0.10±0.31	0.07±0.26	0.08±0.27	0.10±0.30
出国留学	0.31±0.46	0.24±0.43	0.27±0.44	0.29±0.46

a:$p<0.01$,b:$p<0.05$,与硕士研究生比较；c:$p<0.05$,与女研究生比较。

表 5　求职过程中受限因素的统计情况及学历与性别差异分析

受限因素	平均得分	硕士研究生	博士研究生	女研究生	男研究生
薪酬待遇	2.85	1.12±0.34	1.18±0.39	1.18±0.39	1.11±0.33
行业及职业信息掌握	2.84	1.14±0.37	1.19±0.39	1.14±0.36	1.18±0.40
所学专业	2.80	1.22±0.44	1.18±0.39	1.19±0.41	1.22±0.44
发表文章	2.79	1.28±0.55	1.14±0.40[a]	1.19±0.44	1.25±0.54
实习实践经验	2.79	1.16±0.38	1.28±0.46[a]	1.18±0.40	1.26±0.45[d]
人脉关系	2.75	1.26±0.47	1.24±0.44	1.24±0.43	1.27±0.49
求职技巧	2.70	1.25±0.46	1.34±0.49[b]	1.26±0.45	1.35±0.51[d]
求助资源	2.59	1.41±0.54	1.41±0.53	1.37±0.51	1.47±0.57[d]
性别因素	2.33	1.67±0.65	1.66±0.69	1.43±0.56	2.00±0.66[c]

a:$p<0.01$,b:$p<0.05$,与硕士研究生比较；c:$p<0.01$,d:$p<0.05$,与女研究生比较。

2. 活动参与

调查结果表明,49.80%的研究生在一年内参与研究所活动次数仅1—2次(图2A),研究生群体对学术讲座(58.80%)和文艺体育类(53.40%)活动最感兴趣(图2B),这与研究生科研任务繁重密切相关。

研究生感兴趣的活动类型在学历与性别上体现出明显的差异(表6),如博士研究生群体和男研究生更倾向于学术讲座,硕士研究生群体和女研究生更关注心理健康活动,为研究所进一步提高活动组织水平提供了详细的差异化参考。

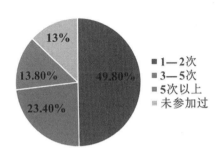

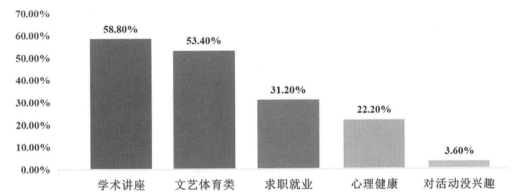

图 2　研究生参与研究所活动情况

表 6　感兴趣活动类型在学历与性别上的差异分析

活动类型	硕士研究生	博士研究生	女研究生	男研究生
学术讲座	0.53±0.50	0.65±0.48[a]	0.52±0.50	0.68±0.47[b]
文艺体育类	0.57±0.50	0.50±0.50	0.54±0.50	0.53±0.50
心理健康	0.24±0.43	0.21±0.41	0.27±0.44	0.16±0.37[b]
求职就业	0.31±0.46	0.31±0.47	0.36±0.48	0.25±0.43[b]
对活动没兴趣	0.05±0.22	0.02±0.14	0.03±0.18	0.04±0.20

a：$p<0.01$，与硕士研究生比较；b：$p<0.01$，与女研究生比较。

3. 心理健康

调查结果显示，无论在学历水平还是性别因素上，学业压力以压倒性比重成为当前研究生的最大压力来源（图3）。对学业压力来源进一步分析发现（表7），硕士研究生面临的最大学业压力来源是"知识储备不足"，而博士研究生是"实验迟迟无进展"。与博士研究生相比,硕士研究生在适应"研究型"学习方式方面表现略差,这与硕士研究生和博士研究生培养层次要求的特征基本吻合:现有课程体系和培养方式下,硕士研究生在基础理论和专业知识掌握上弱于博士研究生;同时对博士研究生有承担高难度科研任务并发表高水平文章的高标准和高要求。

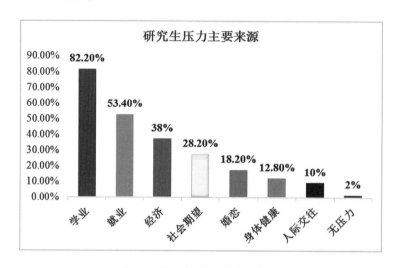

图3 研究生压力主要来源统计

表7 学业压力主要来源在学历表现上的差异

学业压力主要来源	硕士研究生	博士研究生
知识储备不足	0.60±0.49	0.51±0.50[b]
对"研究型"学习方式的不适应	0.31±0.47	0.21±0.41[a]
长时间学位论文主题不明确	0.29±0.46	0.26±0.44
实验迟迟无进展	0.56±0.50	0.68±0.47[a]
研究组对发表高水平文章的要求	0.17±0.38	0.31±0.46[a]
研究所对学位申请人的学术成果要求过高	0.11±0.32	0.07±0.25
无压力	0.02±0.14	0.01±0.09

a:$p<0.01$,b:$p<0.05$,与硕士研究生比较。

研究生普遍认为经济压力主要来源在于奖助学金少(46.6%)和生活支出大(41.4%);社会期望压力来源在于个人(45.2%)和家庭(27.2%)期望较高;就业压力集中在就业形势严峻(40%)和就业范围窄(33.2%)两项;研究生普遍认为交友机会少(42.4%),加之自身主动交友愿望不足(22.8%),造成了人际交往压力。同时，在繁重的科研任务和各项压力下，研究生的身体健康压力多是身体疲劳(48.8%)。压力来源单因素分析表明，男女研究生在就业和婚恋方面的心理压力差异显著(表8)。女研究生就业压力极显著高于男研究生($p<0.01$)，随着社会观念的变化和就业机会的增多，女性对自身的要求渐渐提升，希望追求和男性一样的社会地位，无形中形成一定的就业心理压力；男研究生婚恋的压力显著高于女研究生($p<0.05$)，可能受传统婚姻观念的影响，婚姻对男性学历能力和经济条件要求较高，一定程度增加了男研究生的婚恋压力。

表8 研究生压力来源的性别差异

压力来源	女研究生	男研究生
学业	0.84±0.37	0.80±0.40
就业	0.59±0.49	0.46±0.50[a]
经济	0.36±0.48	0.41±0.49
婚恋	0.15±0.36	0.23±0.42[b]
社会期望	0.26±0.44	0.31±0.46
人际交往	0.12±0.32	0.07±0.26
身体健康	0.13±0.34	0.12±0.33
无压力	0.01±0.08	0.04±0.20[b]

a：$p<0.01$，b：$p<0.05$，与女研究生比较。

4. 总体评价

科研院所研究生的培养重心主要在科研学术方面，工作和生活环境较单一、固定，讲座类活动最受研究生认可，但相应实现娱乐社交多元化和提高日常生活水平的"体育活动场所及设施"和"食堂服务"等条件亟待改善(表9)。此外，博士研究生对"心理健康教育和咨询服务"的要求更强烈，该群体的身心健康状况应引起更多关注。

表9 研究生对生活条件和服务的评价差异

生活条件与服务	得分	硕士研究生	博士研究生
各类学术/非学术讲座	2.64	2.62±0.59	2.66±0.53

续表

生活条件与服务	得分	硕士研究生	博士研究生
宿舍条件	2.15	2.17±0.77	2.13±0.74
研究生活动和社团活动	2.14	2.16±0.68	2.12±0.66
心理健康教育和咨询服务	2.09	2.14±0.68	2.03±0.65[a]
就业指导	1.94	1.96±0.69	1.93±0.67
学生奖助金的水平	1.94	1.94±0.70	1.94±0.73
体育活动场所及设施	1.79	1.83±0.75	1.76±0.71
食堂服务	1.67	1.70±0.69	1.64±0.71

a：$p<0.05$，与硕士研究生比较。

四、结论与讨论

1. 就业压力凸显，求职就业工作体系亟须完善

问卷调查显示，研究生在择业目标、意向工作单位和理想就业地域的选择上比较集中，个人所学专业、发表文章和实习实践等科研背景和专业能力作为求职因素很受研究生重视。在现今研究生逐年扩招和就业紧张的形势下，高学历人才的就业压力凸显。

总体来看，研究生对宣传和解释国家有关毕业生的政策与流程、就业指导课程和讲座、求职技巧和就业心理辅导、行业内单位的动态更新和发展前景等需求十分强烈，且存在"供不应求"的问题。

求职指导和就业规划并不是孤立的执行系统，需要全面的实施体系。笔者建议求职就业教育从完整的服务体系角度，将研究生、导师和教育管理部门涵盖在内，具体围绕课程模式、培训模式和评价模式三部分开展（图4）。这样的服务体系体现了研究生在求职就业过程中各主体的多元化，使规划和执行过程更明晰，也有利于促进各主体之间的沟通交流。教育管理部门负责整个服务体系的需求调研、方案制定和组织实施，保证制度化管理；导师和研究生作为参与和实施主体，在课程模式下掌握相关政策制度，进行系统化学习；在培训模式下通过交流研讨、专家讲座和实习实践等形式多样的学术文化活动，实现专业性培训；最后在评价模式下收集导师和研究生意

见,经各主体反馈后完成一系列效果评估,为后续完善研究生教育提供参考,推动综合性改进。

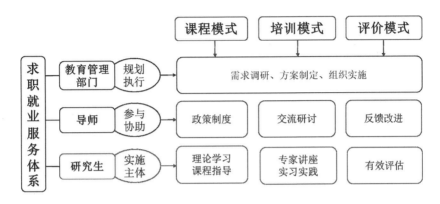

图 4　研究生求职就业服务体系

2. 文体活动需求多样化,文化环境建设有待加强

问卷调查数据体现了研究生对研究所举办各类活动需求的多样化,对文艺体育类活动需求较高,仅次于学术讲座。研究生对活动现状满意度一般,因此在参与程度和自主性等方面表现普通。主观因素上,虽然大部分研究生因实验较忙而无法积极参与研究所组织的文体活动,但活动组织仍存在内容不够吸引人、时间不合适等不足。客观条件上,科研院所研究生培养模式采用"两段式",一般第一年集中进行基础课程学习,修得一定学分后在导师指导下进行科研实践和完成科研论文。与高校相比,科研院所生活和工作环境较单一,学术氛围浓烈,娱乐气氛不足,是导致研究生参与活动现状不理想的主要原因。

文化环境建设首先要深入理念层次,在以培养科研人才为目标,追求科学精神的同时,尊重人文精神,关注研究生的心灵升华,实现两种精神的融合贯通。其次,根据学科建设与学术研究的特征,不断创新活动内容和形式,力争专业化、知识化、人文化、娱乐化等多样并存,真正对应研究生的需求所指和兴趣所在。最后,从时代特点和群体特征着眼,研究生获取活动信息的渠道也逐渐多元化,利用新媒体开展形式多样的文化活动,在充分发挥时间和空间优势的基础上,引领具有鲜明时代特征和积极创新向上的科研文化风尚。

3. 心理健康支持不足，服务指导和专业支撑仍需改进

调查结果显示，学业压力已经以压倒性的比重成为当前研究生面临的最大压力来源，这与研究生心理压力主要为就业压力的早期调查结论不一致①②，但与后期的调查结果吻合③④。近年来高等教育的发展和社会环境的变化，直接导致研究生在学业和科研上面临更多的困难，这是造成研究生产生学业压力的客观原因。同时，大部分研究生入学的动机是提高学历，获得更多的发展机会，且对自己的择业目标和工作单位已经有基本的规划，强烈的动力驱使可能也是造成现在研究生面临学业压力的主观原因。

研究生作为国家高学历人才，比较其他人群，职业起点较高，对未来职业发展充满憧憬和自信，问卷调查结果表明研究生群体的自尊与自立意识较强，但因为承担课题过程中客观存在的实验迟迟无进展、知识储备不足、科研任务繁重而造成身体疲劳和人际交往不足等种种因素，在心理状况上普遍呈现出学业压力大、自身要求高、个人期望多等特点。研究生的学业压力远远高于其他压力，也从侧面反映出当前社会对高等教育和人才培养的要求日益严格。

与高校相比，作为高层次人才培养战略基地的科研院所对我国科学技术跨越式发展和知识经济繁荣进步尤为重要。研究生经历各种压力的考验，既是社会发展的客观结果，也是研究生个体发展的内在要求。首先，研究生要充分发挥自身主观能动性，不断学习并适应自然环境、社会环境以及自我内环境的变化，养成克服困难、积极向上的心态。其次，研究生导师和教育管理部门在关键时候要起到积极的引导作用，及时提供必要的各种支持。同时在培养过程中也应注意开展群体层次性和个体差异性指导，最大限度地发掘研究生

---

① 杨雪花，张环，温卫东. 某高校研究生心理健康状况及其心理压力现状分析[J]. 中国学校卫生，2007(10):895-896.

② 马喜亭，李卫华. 研究生心理健康状况与生活压力调查研究[J]. 中国特殊教育，2011(4):91-96.

③ 邓丽芳，王姝怡. 新时代研究生心理健康需求：现状与影响因素——基于我国 15 所高校的调查分析[J]. 中国高教研究，2023(4):83-88.

④ 朱美燕. 研究生心理健康教育现状调查分析与对策思考[J]. 黑龙江高教研究，2017(3):117-121.

的潜质,培育拔尖人才。大部分科研院所在实际工作中并未配备专业的心理咨询人员,加之研究生导师大多把精力放在科研上,研究生在产生心理困扰后可能无法及时被发现;一旦心理问题爆发,也因缺乏专业指导而无法及时排解。

在宏观层面,科研院所需要努力加强对研究生心理健康教育工作的规范和指导,不断解决研究生日益增长的心理健康需要与服务不平衡不充分之间的矛盾;在微观层面,科研院所应尽快构建完善的研究生心理健康服务体系。中宣部等22个部门早在2016年就联合印发《关于加强心理健康服务的指导意见》,强调了大学生的心理健康教育建设。2021年教育部办公厅发布的《关于加强学生心理健康管理工作的通知》明确提出对新入职的辅导员、研究生导师开展心理健康教育基本知识和技能全覆盖培训。新形势下对全方位、多层次的研究生心理健康社会支持系统构建需求日益明显[1],笔者建议尽快完善研究生心理健康服务体系(图5),除研究生导师和教育管理部门等参与主体外,高校合作和社会支持对研究生心理健康教育的价值也应得到重视。除科研院所常规的心理健康教育和咨询之外,现有研究生心理健康服务的模式总体上应以预防治疗为主,使研究生在科研实践和教育培养过程中正确认识和处理好科研学习、人际交友、情绪管理、社会适应、健康生活和求职就业等方面的具体心理行为问题。

以中国科学院大学研究生为样本的调研显示,研究生群体抑郁焦虑问题显著且心理健康支持不足。总体来说,理工类科研院所研究生情况大致相同,自主能力较强、科研任务繁重、毕业压力较大、活动参与意愿不强。[2] 同时,研究生群体的科研学习目的性强烈,业务指导主要由导师负责,实验室环境比较封闭,社会交流相对匮乏,加上科研院所的"两段式"培养和分散住宿等因素,使得研究生的群体依赖性和管理影响力减弱,在科研学习、求职就业、家庭婚恋等多重压力下,研究生的心理素质差异明显。科研院所应进一步结合自身

---

[1] 刘珊珊. 研究生心理健康社会支持系统的构建[J]. 学校党建与思想教育,2020(20):54-56.

[2] 杨铎,熊博晖. 构建新形势下科研院所研究生思政工作体系——以中国科学院大连化学物理研究所为例[J]. 高校学生工作研究,2022(1):107-115.

特点，切实加强研究生教育培养工作的专业支撑和科学管理，着力提升研究生心理健康素养，努力改善其生活状况，依托科教融合特色的组织体系，自主培养高素质科研人才后备军。

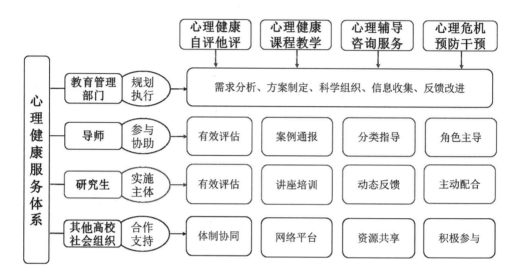

图5 研究生心理健康服务体系